55歳から「まち」の人

田中保三

苦楽堂

55歳から「まち」の人

田中 保三

はじめに――一九九五年一月一七日

いつものように五時半に起床して真向法《まっこうほう》（健康体操）をやっているとき、突如ダンダン!!という轟音とともに突き上げ、落とされた。瞬間真っ暗闇。仏間にいたのでとっさにローソクの火を思い移動しようとすると、今度は家がきしむ音とてつもない横揺れに、立てないどころか這《は》ってさえ行けず、四つん這いのままただ踏ん張るのみ。最初の上下動でジェット機でも近くに落ちたかと思ったが、この横揺れで恐怖のなか地震だと確信する。台所で火を使っていた家内に「火を消せ！」と叫ぶのがやっと。

揺れが止んで静まり家族の安否確認。仏壇のローソクに火をつけてみると、蛍光灯は二ヶ所の吊り金具からも外れコードのみでぶら下がっている。テレビも二メートル近くすっ飛んでころがって、ピアノも脚を外して大きく動いている。

子供の頃より神戸は地震がないと何度も聞かされているので、てっきり関東か東海沖だと思い横浜の兄の家に電話するもつながらず。その間にもゴーッ!! という地鳴りと共に余震がやってくる。地鳴りを伴《ともな》う地震なんて始めての経験だ。

薄明るくなって車を出しにガレージに行くもシャッターが開かない。それもそのはず電動シャッターというのを忘れていた。いかに電気を日常あたりまえとして使っていたことか。子供たち総出でシャッターを開け、車を出し、いちばん広い安全な道を選んで須磨離宮公園経由で長田《ながた》へ向かう。

東須磨近辺ですでに停滞し脇道へ入って驚いた。道路上にブロック塀が崩れ落ち、木造モルタル壁がすべてはがれ落ち散乱している。倒壊家屋の中から怪我をした人が毛布にくるまれ両脇をかかえられ避難している。この光景を見てやっと神戸が震源だと確信する。カーラジオでは死者十数人、阪神高速が落ちている模様と報じる。そんな数字じゃないだろうと思いながら本道へ出て停滞をかいくぐり、通常の六倍二時間がかりで会社に着いたのが八時半頃だった。

本社は倒壊し、三階の伝票類がすでに焼けくすぶっていた。先代が一九四六（昭和二一）年に創業し、わたしが八九（平成元）年に継いだ自動車部品販売会社・兵庫商会は、社屋六棟のうち五棟を焼失した。仕入れていた商品もすべて焼けた。「これは神も仏もないなあ」と思った。

その日の昼、つけっぱなしだったカーラジオから日本銀行神戸支店の「印鑑や通帳がなくてもお金を渡す。本人とわかりさえすれば大丈夫です、落ち着いてください」という話を聴いたときにはびっくりした。「こら、やれる」と思った。「日銀もこないして言うてくれてはるし、こらやるしかないぞ」と。一棟残った。あそこを基地にしてやれ——いうことだと思った。

社員全員の無事が確認できたのは一九日だった。最後のひとり、東灘区に住むベテラン社員との連絡がとれなかった。東灘区がいちばん危ないと聞き、若い衆の単車のうしろに乗って住吉に向かった。路地があったはずの場所に路地がない。他人《ひと》の家の屋根を踏んづけて路地に入る。社員の家はまだ建っていた。「まあこら大丈夫や」と帰りかけたら、ちょうど避難所から帰ってきた。「お前何しとんのや、ひとつも連絡せんと」と言うと、「毎日電話しよんのにプープー鳴るだけで誰も出えへんやんか！」と怒っている。「あほかお前、会社みんな焼けとんのに電話なんか連絡つくかい！」。ベテラン社員でもそこまで動転していた。

震災当日の夕方、来た社員一二〜一三人を前に言った。「今日はもうええ。明日から一棟だけ残った倉庫からガラクタ全部外へ放り出せ。そこを基地にしてやろう。二階を事務所にして一階三階を倉庫にして使おう。これで仕事できんことはない」。最後にこう言った。
「明日は九時からや」

次の日の朝、六時半頃に会社に着くと、もう部品卸会社のトラックが来て待っていた。若い運転手が「何か注文あったら言うてくださいね、いつでも何でも運んできますから」と、大阪で買ったペットボトルの水とラーメンを置いていってくれた。それが一週間近く続いた。

電話の復旧は早かった。二三日だったたろうか、運送屋に電話し「すまんな毎日毎日、朝早《はよ》うからラーメンと水持ってきてもらって、救援物資ありがたいわ」と言うと、「え？　最初の一日は持っていきましたけど、二日目から持ってってないですよ」と言われた。トラックの運転手はまだ二十代の終わりくらいの、あまり喋らない若い子だった。自腹を切って持ってきてくれていたのだ。涙が出るほど嬉しかった。

二月にボランティア団体がプレハブ店舗を運んでくるというので、頼まれてそれを使う人を探した。地区に人も少なく、商売が成り立つかどうか成算があるわけではない時期だったが、走りながら商売をしようとすることで経済が回り、活気が戻ると考えた。

最初に近所の同業者に、次に近所の洗濯屋に持って行った。三間《さんけん》×六間《ろっけん》の二階建てだったが、洗濯屋が義侠心を出し、「社長がライバル会社に塩を送るんやったら、俺も一肌脱ぐわな。うちの三間、真ん中抜いて持っていけるか。ライバル会社に持っていったら六間が九間になるやんか。俺んとこ小《ちい》そうてもええわ」と言いだした。このやさしさはなんだ――と驚いた。

三つめのプレハブは自社の敷地に建てた。ボランティア団体に使ってもらうことにした。彼らはそれまで寒い中、新湊川の河川敷公園にテントを張って寝ていた。まちに大勢の若者がいることで、昭和二十年代から三十年代にかけての長田に戻ったような活気があった。

プレハブの行き先は灘から須磨まで拡がった。最初は建て方大工が東京からやって来たが、のちに地元の大工ひとりを抱え、あとはすべてボランティアの若者たち（ガテンチームと呼んだ）で作業した。一件の事故もなく奇跡に近いものだった。数え切れないほどの若いボランティアたちと知り合い、一緒にガテンチームで活動し汗を流した。それまでのわたしは、茶髪、ピアスに拒絶反応を示していたが、共に行動してみて、外見と中身は大違いと実感し、それ以降何の違和感もなしにつき合えるようになった。

プレハブの世話はこのあとも続いた。会社近くの一杯飲み屋を建てたあと、店主のおばちゃんが「斜め向かいの店も建ててくれへん?」と言ってきた。「ライバルやんか」とびっくりしたが「いや、客が違う。お互い競争しおうたら辺《あた》りがにぎやかなる」とおばちゃんが言った。近隣に二軒建ち三軒建つと、次々と夜討ち朝駆けで依頼に訪ねてくる。それもほとんどがおばちゃんだった。ときには他人のために「なんとかして……」と。

プレハブはボランティア団体のピースボートが手配した。その世話役のような仕事をしているのが、わたしの学生時代のボート部仲間だった。彼が神戸に来ていると聞き、霙《みぞれ》が降る寒い日、「北川くんおれへんかな?」と発電機の音がやかましいボランティアのテント村を訪ねた。ひとりの若者が出てきて「いやあ、北川はもう東京へ帰ってしまいました。どうぞ、中、入ってください」とテントの中に招き入れてくれた。座っていた椅子をわたしにくれて、自分は中腰で「何か困ったことおありですか」と、手にメモを持ちながら訊《き》いてきた。いや俺は困ってないねんけど……と話しながら、わたしは感動していた。ホッとする温かさが漂っているような気がした。こちらが安堵感を与えているのではなく、逆に与えられている。自分は今、自分の息子のような年齢の若者に何かを教えられているのだと気づいた。わたしの心に何か隙間があったのだろう。「これからどないなるんやろう」とイライラしていたのかもしれない。その隙間に、若者――梅田隆司《たかし》くんの温かさが染みこんできた。

梅田くんから「自転車八〇〇台、プレハブ二棟が二月上旬に船で神戸港に着く。自転車は捌《さば》けるだろうが、プレハブを捌くのを助けていただけませんか」と、地元の窓口役を要請された。わたしは地元でプレハブを必要としている人を探してつないでいくようになり、ここからボランティアに、そしてまちの復興に深く関わっていくことになる。

兵庫商会は長くここ長田に会社を構えていたが、近所づきあいはほとんどなかった。自治会費を払っているだけの関係だった。隣や裏とは気やすく話をしていたが、このまちのどこに、どんな人が暮らしているのかはまったく知らなかった。

震災後、町内で率先して瓦礫《がれき》の片づけに真剣に取り組んだのは二人の女性だった。男たちは「瓦礫なんかそのうち片づくやろう」と思っていた。二月の末か三月の会合で「今、欲しいものは何ですか」とボランティアの若者に訊かれたとき、彼女たちは「包丁とまな板や」と言った。男の発想にそれはなかった。このまちのどこに、どんな人たちが暮らしているのかを、わたしはこうして知っていくことになる。

55歳から「まち」の人　目次

第五章 「復興」 91

本書は、著者が理事を務める「特定非営利活動法人まち・コミュニケーション」通信紙「まち・コミ」に一九九七年九月から連載するエッセイ、ボランティア組織「A-yan Tokyo」発行「震災が残したもの」に収録されたインタビューから抜粋推敲し、新規原稿を加えて構成した。地名、組織や施設の名称、肩書は執筆当時のもの（適宜注記を加えた）。文中地図および脚注の作成は苦楽堂編集部によるものである。

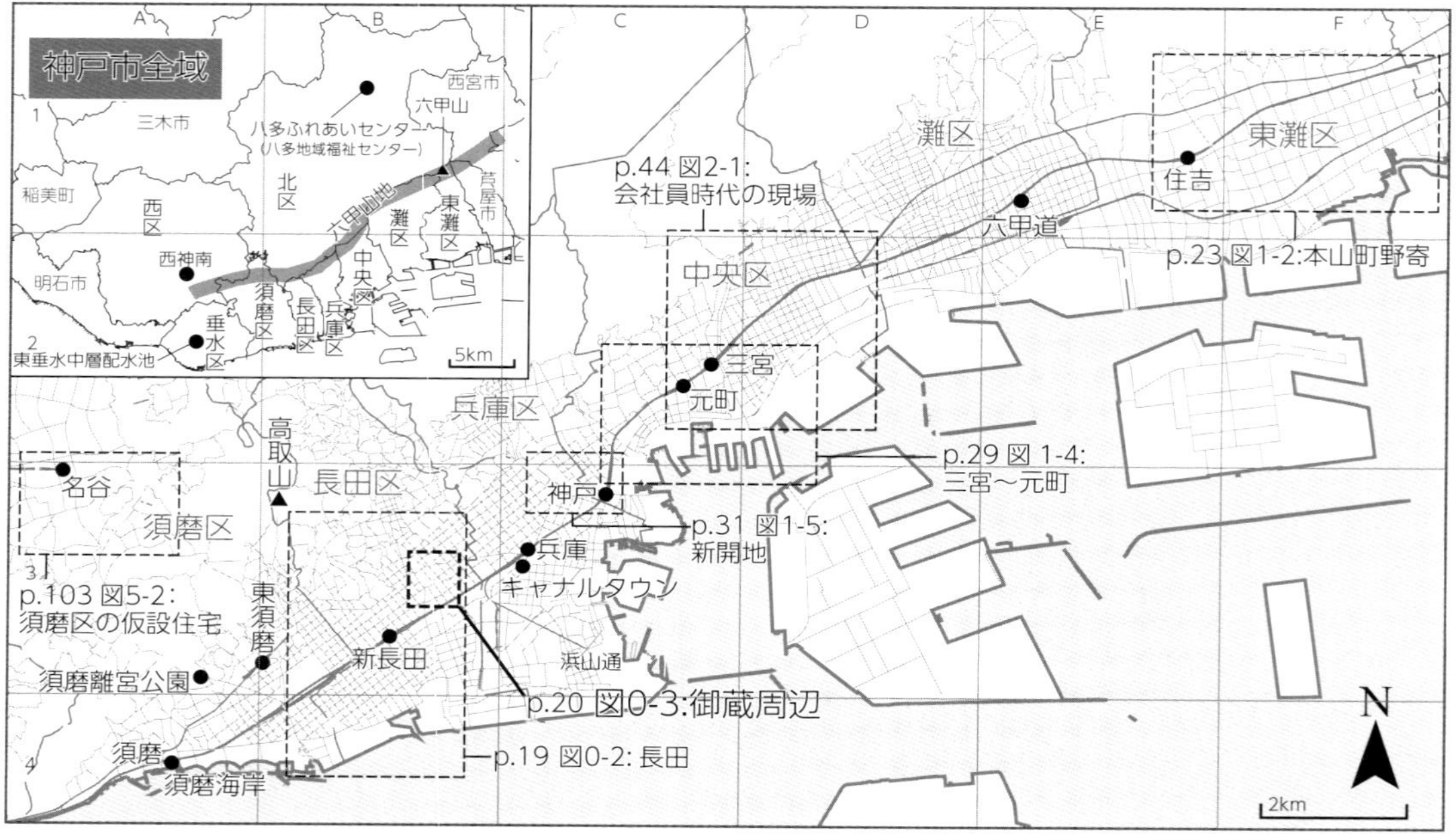

図0-1：神戸市略図（国土地理院地図を編集部にて加工）

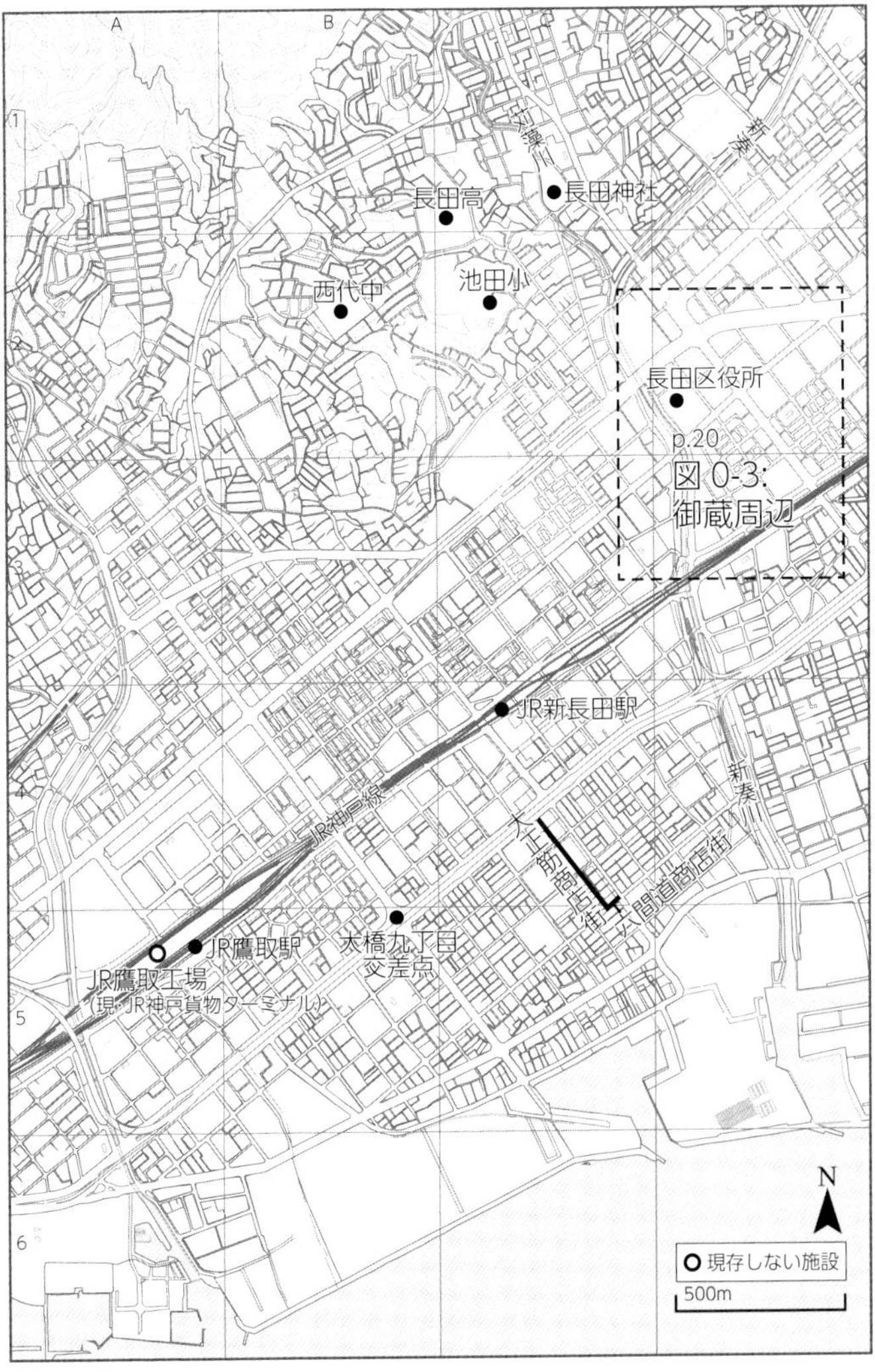

図0-2：長田略図(国土地理院地図を編集部にて加工)

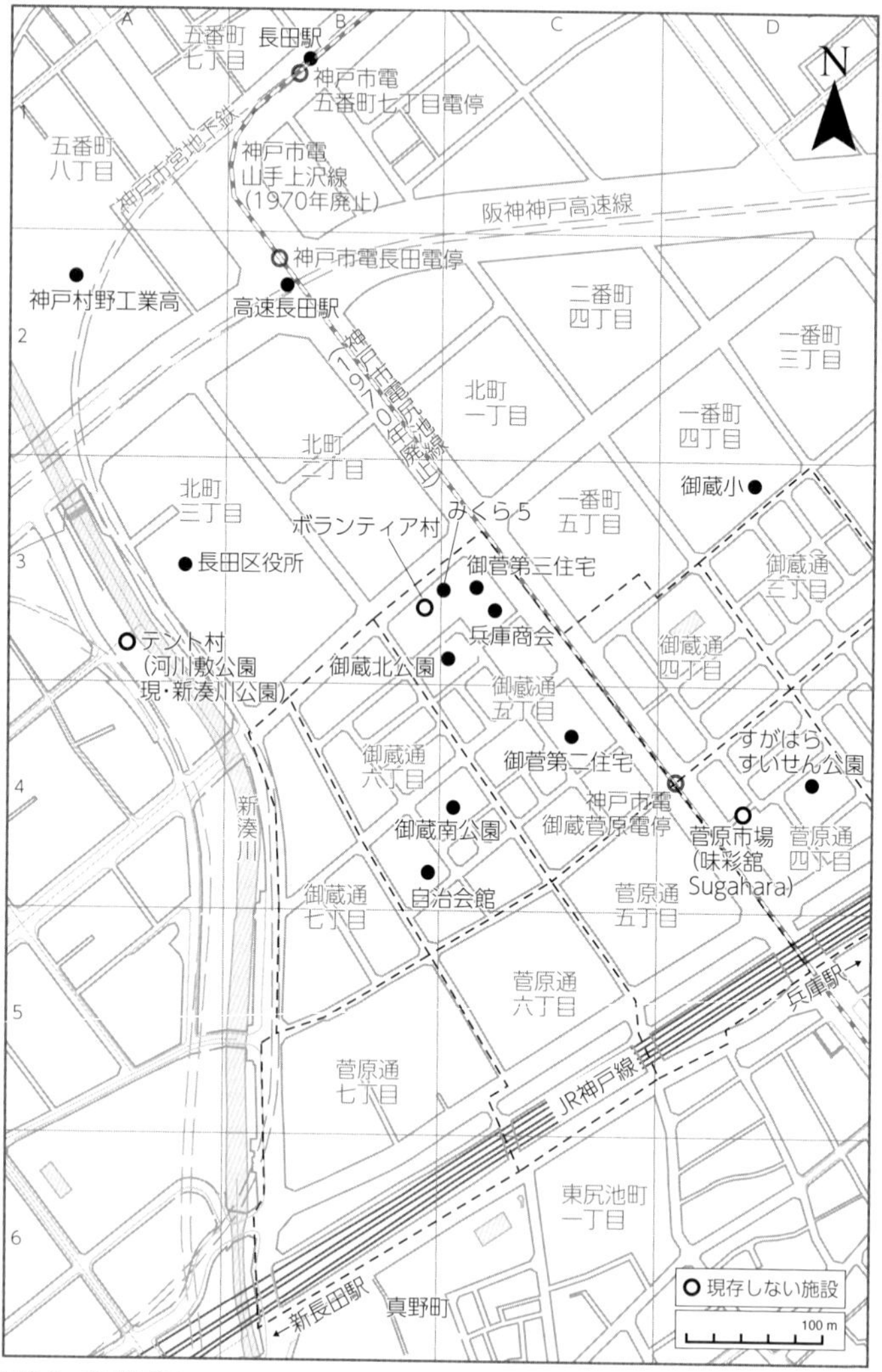

図0-3：御蔵周辺(神戸市長田区。国土地理院地図を編集部にて加工)

ボート部のバック台（抜苦台）

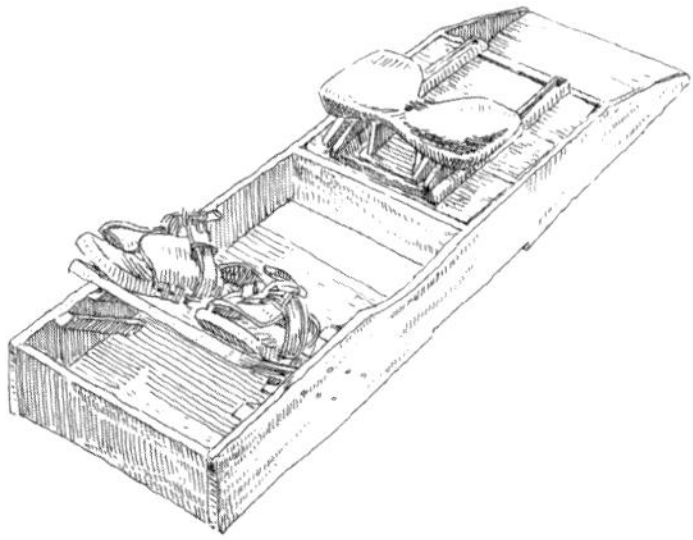

第一章　青春の頃

疎開の記憶

戦争末期に父方の郷里近くの福岡県糸島郡前原《まえばる》町（現・糸島市）、前原小学校裏手にあった伯父の家に疎開していた。当時伯父一家は上海にいて空き家だった。広い庭を野菜畑にし、一部掘り込んで防空壕にして不要不急の物を納めていた。夜空を赤く染め照り返る博多の空襲に恐怖を感じた。一時寄宿していた予科練生にアコーディオンのじょうずな人がいて、せがんでよく弾《ひ》いてもらったことなど戦争中の思い出としてわずかに残っている。

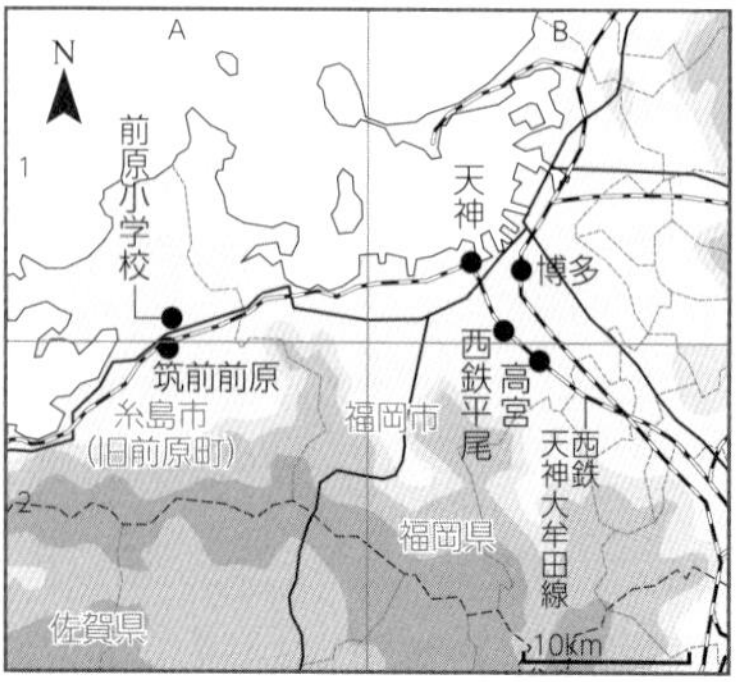

図1-1：福岡市、前原町（現・糸島市）略図

戦後は伯父一家が上海から引き揚げて大家族になり、我が家は福岡市内の母方の実家に移った。元海軍機関大佐の祖父は一九四五（昭和二〇）年一月に病死しており、祖母ひとり暮らしのなかに母と子供三人がころがり込んだから大変だ。郡部から都市に移ると一度に食糧事情が悪くなった。米粒は数えるほどの大豆粥《かゆ》や芋粥《いもがゆ》が常食となり、庭でのにわかづくりの貧弱な芋や南京、トウモロコシなどの代用食が主食となった。

近所の悪童に連れられて西鉄天神大牟田《おおむた》線西鉄平尾から

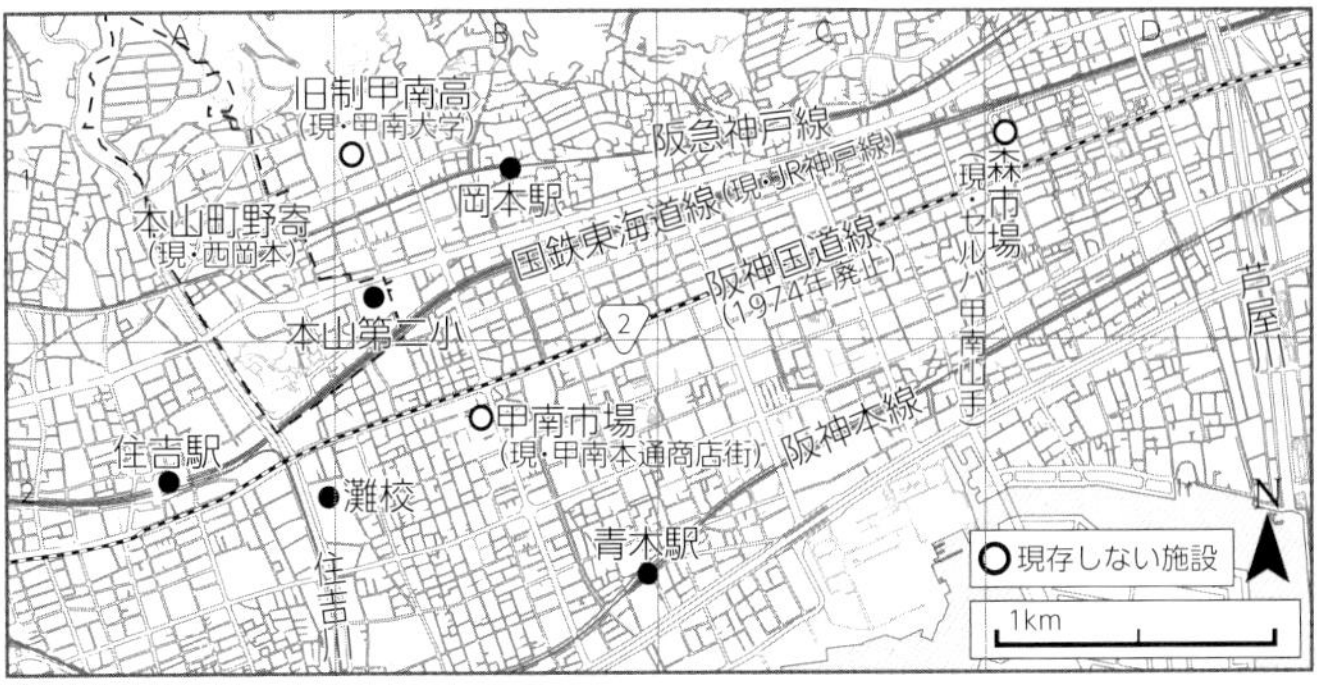

図1-2：本山町野寄(現・神戸市東灘区西岡本)周辺略図(国土地理院地図を編集部にて加工)

高宮間の勾配あるレールの上に耳を当て、コトンコトンと音を聞いたら五厘銭や十銭銅貨を置いて飛びのき物陰に隠れ通過を待ち、表裏つるつるになった貨幣を見せ合って遊んだ。一九四六（昭和二一）年、神戸に戻る混雑した博多駅で少し年長の戦災孤児たちに囲まれにぎり飯を取られそうになったところを、ずっと年長の従兄《いとこ》に助けられ、窓から列車に放り込まれた。

一九四九（昭和二四）～五〇（昭和二五）年の間、何度か神戸・博多間を往復したが、不思議と広島の印象はない。たぶん夜中の通過だったのだろう。八幡《やはた》製鉄所の煙突からモクモクと上がる煙を見て「これが新しい日本、復興日本の姿だ、よく見ておけ」と兄たちに教えられた。神戸の家は本山町《もとやまちょう》野寄《のより》（現・東灘区西岡本）の浄化槽を持つ三階建ての洋館で、今の灘校テニスコートの辺《あた》りだと思う。そこに五世帯同居していた。

神戸も三宮界隈は焼け野原になっており、旧居留地辺りはMP（進駐軍の警官）が随所にいて立ち入り禁止になっていた。三宮元町間高架下に学童帽を買いに行き、あるところには何でもあるのと人ごみに驚いた。

家のすぐそばの住吉川は一九三八（昭和一三）年阪神大水害の跡がいたるところに残り、どこまでが河川敷なのか境がない。大きな転石《てんせき》がごろごろしていて、ところどころきれいな湧き水があり、朝の散歩の途中に顔を洗ったりした。

一九四七（昭和二二）年に本山第二小学校に入ったが、ここでも近所の悪童と一緒に阪神国道電車*のただ乗りをした。前の出口と後ろの出口の二手に分かれ、前は後ろで、後ろは前で払ったと言って降りるや否や一目散に走り去る。母親と国道電車に乗って森市場に行ったり、その頃は青空市場だった甲南市場に行った。

小学校ではガリオア・エロア*からか、ときどき乾燥したカキや卵の黄味の粉末が配られた。同居していた人から進駐軍の小粒のつるっとしたチューインガムや板チョコをもらって食べた。同居のひとりに旧制甲南高校のお兄さんがいて、国道二号線を逆立ちして横断して見せてくれた戦後ののんびりした時代。

*阪神国道電車　阪神電気鉄道が野田（大阪市福島区）～東神戸（神戸市葺合区〔現・中央区〕）間

で運営した路面電車「阪神国道線」。一九二七（昭和二）年開業。阪神国道（国道二号線）上に軌道を敷設したのでこの名がある。

＊ガリオア・エロア　第二次世界大戦後の一九四七〜五〇年、アメリカが占領地に対して与えた資金援助の略称。ガリオア(GARIOA：Government and Relief in Occupied Areas［占領地域統治救済資金］)、エロア（EROA：Economic Rehabilitation in Occupied Areas［占領地域経済復興資金］）。

恩師のビンタ

父の転勤で大阪府中河内《なかかわち》郡龍華町《りゅうげちょう》（現・八尾市）太子堂に転居したのが一九四七（昭和二二）年の夏。神戸の六甲山に比べて少し引っ込んだ生駒《いこま》山の裾野、一気に田園風景に飛び込んだ。広い校庭に二、三度集められ、進駐軍の兵士がコンプレッサーを引っ張って来て袖口や襟元にホースを突っ込みＤＤＴ（殺虫剤）を噴射、真っ白になった。四八（昭和二三）年に八尾が市に昇格し、日の丸の旗をつくって駅へ行進した。深紅のワンピースを着た近所のお姉さんから"You are my sunshine"を教えてもらい家に帰って口ずさんでいたら母から叱られた。夏のシャツがなかったのでカーテンを転用した。冬服の一張羅は父の軍服を仕立て直してもらったが重たかった。一升ビンに玄米を入れはたきを逆にして突く精米、毛糸の巻き取りの手伝い、洗い張りの布はがし、伸子《しんし》張りの円弧状の竹ひご取りなどは子供の仕事だった。

四年生の担任は天王寺師範（現・大阪教育大学）を出たばかりの辻岡先生。若くて情熱的な先生との二年余りは、わたしの人生の根幹を成すものが育まれたように思う。

天気のいい日は学校（龍華小）の向かいにある大聖勝軍寺《だいしょうしょうぐんじ》の境内で聖徳太子の話、そして蘇《そ》我《が》氏と物部《もののべ》氏の争いの話を聴いた。授業中にも浄瑠璃「壺坂霊験記《つぼさかれいげんき》」のお里・沢市夫婦愛の物語や「傾城阿波《けいせいあわ》の鳴門《なると》」のお弓と巡礼お鶴親子の名乗れぬ切ない別れとその後の悲劇を聴き、夏になると「東海道四ツ谷怪談」のお岩の語りや「番町皿屋敷」のお菊が「ひとつ、二つ……、取ったお皿を返しておくれ！」と井戸の中で叫ぶ声音《こわね》に背筋を冷やし、耳なし芳一《ほういち》や雪女の話に胸が痛んだ。冬には赤穂義士討入り話。春の遠足が天保山《てんぽうざん》から神戸港、湊川神社、湊川公園と決まるや、千早・赤坂城から桜井の駅父子の別れ、湊川の合戦を熱く語ってもらった。浄瑠璃や怪談話、戦記物語の中に人はどう生きるべきかの教訓が込められていて、物質的には極めて乏しいこの多感な少年期に、精神的に実に豊かなものを植えつけられ多くのことを学んだ。

先生が風邪をこじらせ少し休まれた間、隣の組と一緒に青野先生という女性の先生が山本有三の『路傍《ろぼう》の石』を連続して朗読してくださった。自分が鉄橋の線路にぶら下がっているかのような錯覚をした。吾一《ごいち》少年に没入してしまって大いに感動を覚えた。それ以後自分で本を読むようになった。クラスの男の子四、五人でおてんばな少し足を引きずる癖のある子のまねをして泣かせたことがある。横並びにされて、辻岡先生のビンタを食らった。「我が身をつねっ

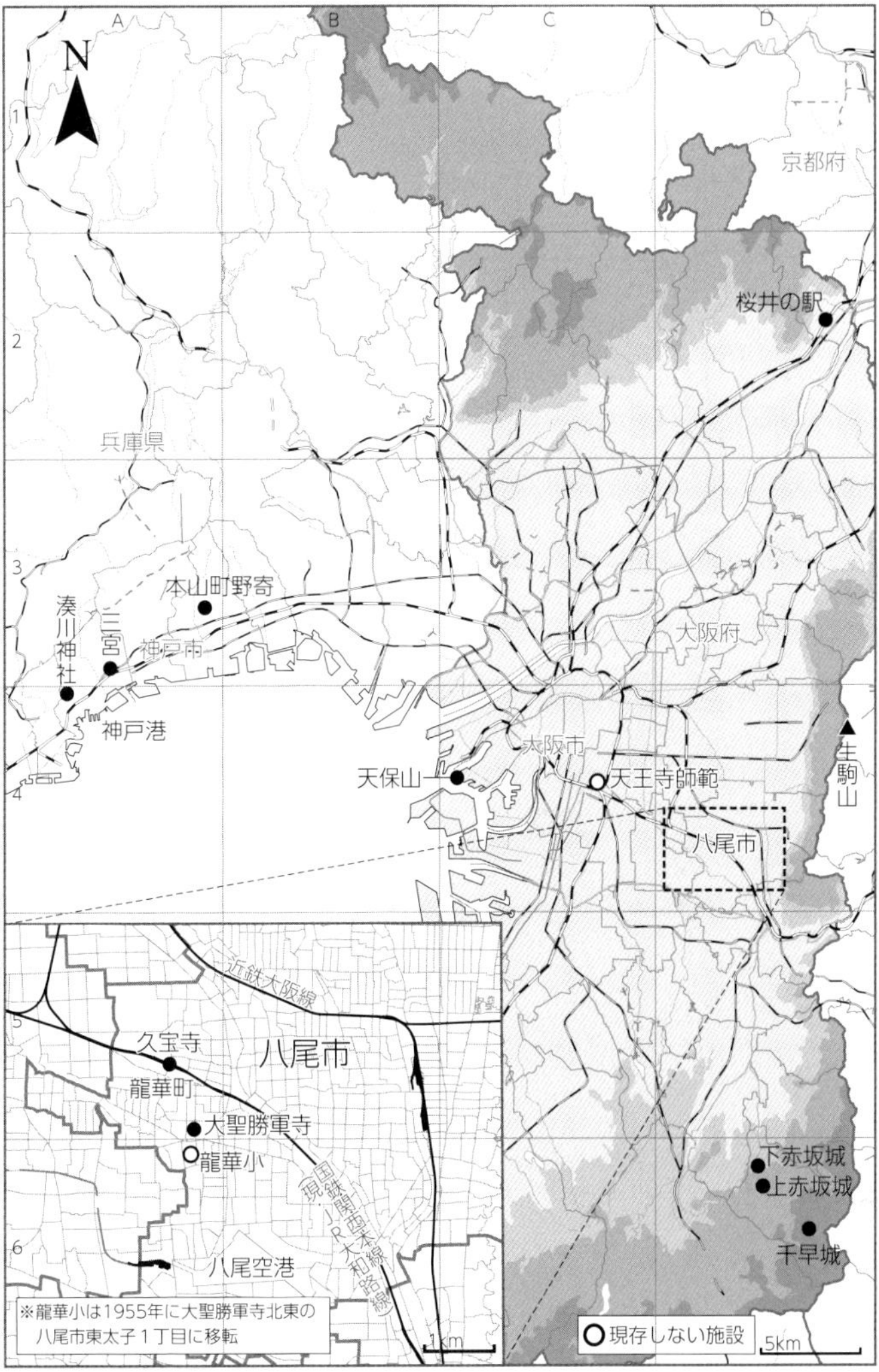

図1-3：大阪府略図（左下地図は国土地理院地図を編集部にて加工）

て他人の痛さを知れ！」と諭《さと》され、先生はわたしのほうに向き直り、すでに病の床にあった父を引き合いに出され「こんなことをして、お父さんが聞いたらどれだけ悲しむのかわかっているのか？」と叱られ父親を思い出し、急に涙が出て泣いたのが昨日のように鮮明に思い出される。いい師に恵まれたいい時代だった。

小学校六年の五月中頃に神戸に帰ってきた。長田区の池田小学校に転入した。大阪と違い給食は食器を持って行かなくていいし、土足のまま教室に入っていける。神戸は都会だと思った。

神戸悪童時代

「子供の頃の神戸はいいところだった」というのは感傷だろうか。

昭和二十年代後半の中学時代、新港第四、五突堤辺りに停泊している米国軍艦の一般公開に、長田から貸自転車（その頃一日二〇円）で、友人と連れ立って見に行った。帰りに艦上で雲を突くような水兵から両手一杯クッキーをもらった。一口頬張《ほおば》ると、これが何とも言えぬほど甘くうまい。アメリカ人はこんなにうまいもんを食うとったんかと驚いた。翌日学校で報告すると「ほんまか、ほな俺も連れていけや」となり、放課後大挙して行く。またもや両手に一杯くれる。

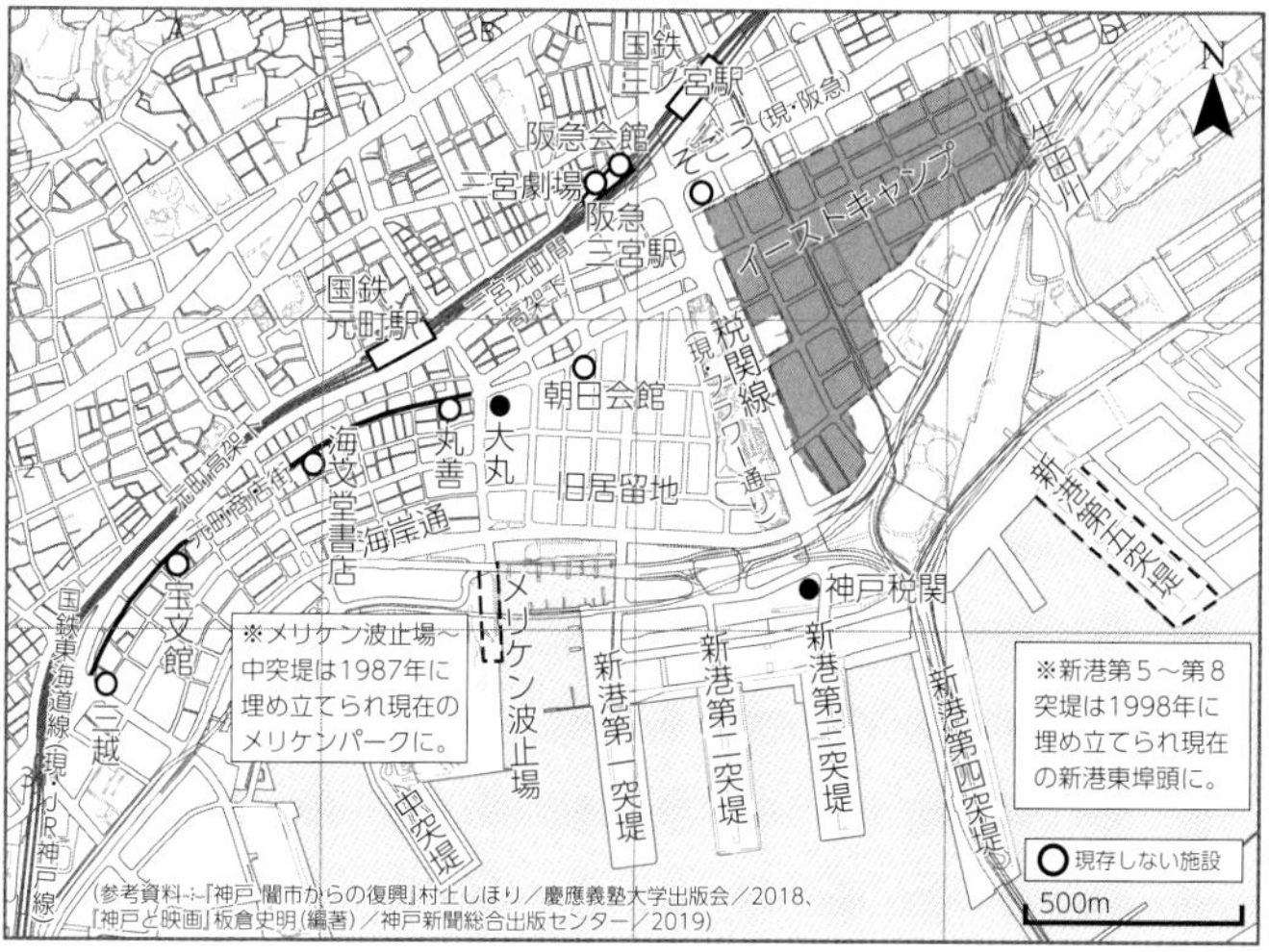

図1-4：三宮～元町（神戸市中央区）略図（国土地理院地図を編集部にて加工）

よく無尽蔵に出てくるもんだ。ときに空母の一般公開もあり、水深の関係で港外に停泊するときでも、わざわざランチに乗せての送り迎え。

税関線（今のフラワー通り）には輸入中古車が並び、やれリンカーンだ、シボレーだ、フォードだと言っていると、ボロンとエンジンがかかる。それっ、と後ろに回ってガソリンのにおいを嗅ぐ。「なんとええにおいやなあ」「こんなでっかい車が二人に一台やて」「アメリカはほんまごっつい国やで」「人間もでっかいし、食うもんも全然違う。こんな国と戦争したら負けんのあたりまえや。そんなこと俺らやてわかるで」「大人はアホやったんやなあ」と口々に言いながら帰る。

南米移民船のぶらじる丸やあるぜんちな丸、さんとす丸の出港時。色とりどりのテープが入り乱れ、ドラと汽笛が交錯し、家族連れ、あるいは角帽をかぶった学生などの出ていく人々、岸壁で涙を流し、今生の別れを惜しむ残る人々、大声で叫び合い、手を、角帽をちぎれんばかりに振る、その出港の悲壮で切ない情景は、今もまぶたに焼きついている。

映画のにおい

須磨海岸で泳いだ。山あり海あり川あり、セミ、ヤンマ採り、海水浴にと、遊び場にはこと欠かなかった。お手玉を足首の内外で蹴り上げ続けるジャンゲリ遊びに興じたり、中学に入って、夏は須磨でオワンボートを借りて七、八人も乗り込み、貨物船の航路より沖へ出し、一勢に飛び込んで流されながら帰り着く競争をして遊んだ。

三宮に出て、阪急会館、三劇（三宮劇場）、朝日会館、新開地の聚楽館《しゅうらっかん》、花月劇場、松竹座、松竹劇場、相生座《あいおい》、テアトルＫＳと映画を観まくった。今井正《ただし》の「米」に社会正義を感じ、木下恵介の「野菊の如《ごと》き君《きみ》なりき」に淡い恋を感じ、「原爆の子」「ひめゆりの塔」に原爆のおそろしさと陸戦の怖さを、「警察日記」に貧しさの中にほのぼのしたものを、「シェーン」や「友情ある説得」に男の哀愁とやさしさを、「突撃」や「眼下の敵」に戦場でのスリルを、「禁じら

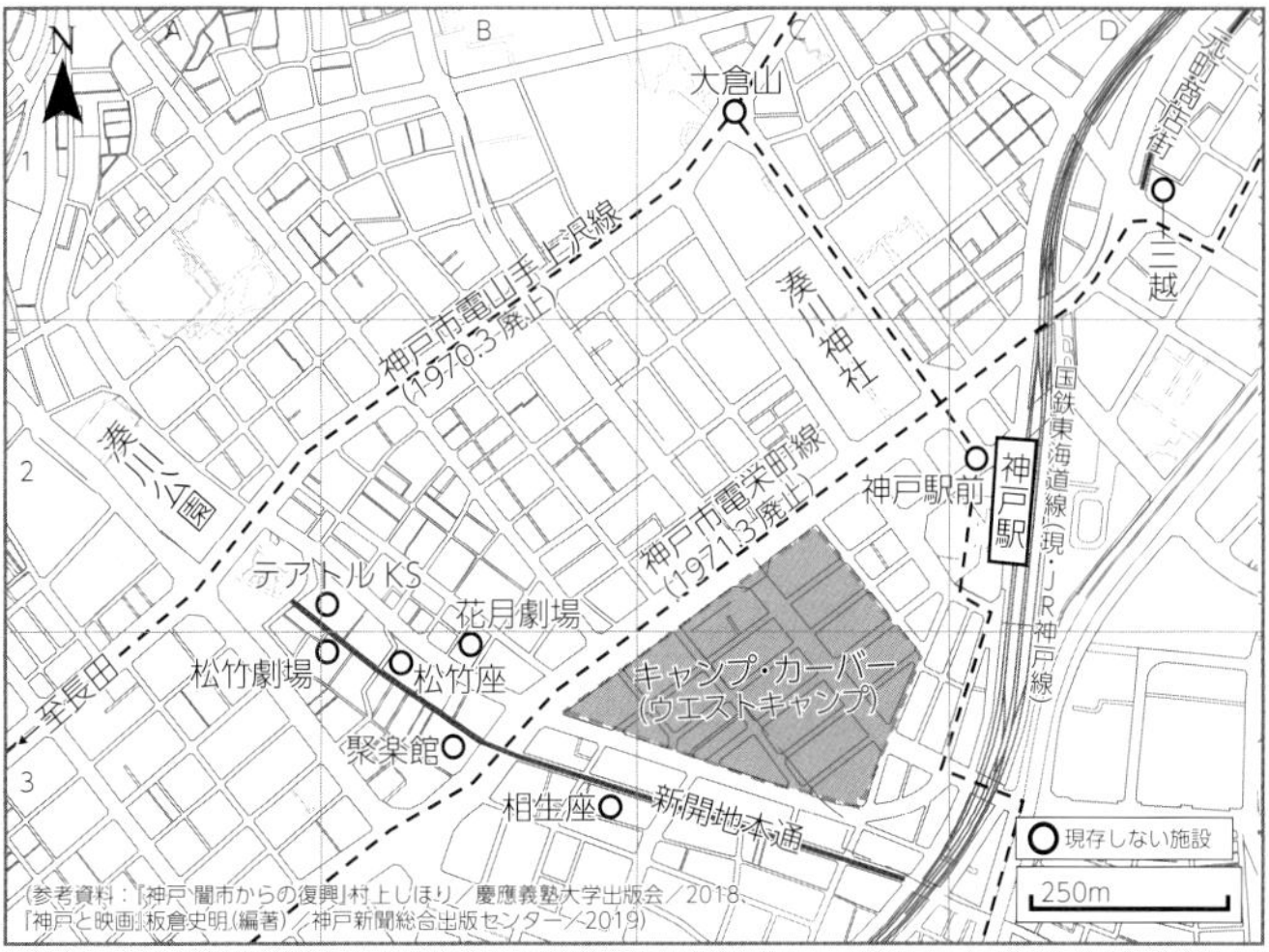

図1-5：新開地（神戸市兵庫区）周辺略図（国土地理院地図を編集部にて加工）

れた遊び」や「汚《けが》れなき悪戯《いたずら》」に子供のあどけなさを、「道」や「居酒屋」にどうしようもない人生を、「鉄道員」に頑固おやじはどこにもいるんだと、「恐怖の報酬」に生命と引き換えの仕事の厳しさを、「王様と私」にミュージカル以上のものを感じた。多感な時代に映画の世界を通して人間のにおいをかごうとしていたように思う。

　映画を見始めた頃の三宮は、そごうの南側から生田川のほうにかけてイーストキャンプがあり、新開地から神戸駅前にかけてウエストキャンプ（正式名称「キャンプ・カーバー」）があった。いずれもカマボコ兵舎があり、進駐軍の兵士がたむろしていた。神戸の中心地に二つのキャンプが昭和三〇年頃まであったような記憶がある。これがある意味神戸の都市政策の偏向をひきずっているような気がしてならない。

腕白な中学時代によく同級生数人と元ブラ（元町をブラブラと歩く）をした。長田の五番町七丁目から乗った市電を大倉山で南下して神戸駅前で下車。まず元町商店街の西端にあった三越百貨店に入る。エレベーター（当時はエスカレーターはない）に乗り、エレベーターガールを遠めに見ながら店内をぐるぐる回り外へ出る。元町商店街を東へと闊歩《かっぽ》する。日本でも有数の商店街で、超一流の老舗がずらっと並んでいた。

生意気盛りの中学生は宝文館に立ち寄り、学習参考書を手に取りパラッとめくり、わかったような気になり、次に海文堂書店を目指す。専門書がたくさんあり、特に船舶関係の写真集や気象の本をめくり世界を近く感じながら、備えてある大きな船の舵やら羅針盤を触り、ああこれが外国とつながってんやと納得する。今度は洋書の丸善に寄る。読めもせんのに「ライフ」や「タイム」の写真から彼の地の生活の一端を学ぶ。外へ出ると露天商が万年筆を売っている。数人の客を相手に「これはエボナイトでできてるし、ペン先は14金や。五〇〇円が今日は三〇〇円や、どや買わんかいや、そこの兄さんどや？」。仲間のひとりが動く。「アカンまだや！」と小声でささやく。誰も動かない。「ええい！　二〇〇円でどや⁉」という声、同時に「アカン、あきらめよ。今日は一〇〇円しか持ってないもんナ」と握っている一〇〇円札を見せるともなく離れかけると「そな一〇〇円でええワ！」取引成功。古き良き時代の懐かしい思い出が一杯。

その丸善もすでになく、今また海文堂もなくなった。元町商店街には少年の心をときめかす知の源泉がこんこんと湧いていた。実にさびしい限りである。

浪人時代の百姓体験

一九五六（昭和三一）年、兵庫県立長田《ながた》高校に入学した。自由な気風の学校だった。親が川崎重工業や三菱重工業に勤めているサラリーマンの家の子が多かった。部活は映画研究部に入った。入学した年にジェームス・ディーンの「理由なき反抗」が公開され、「高校生がこんなでっかい車に乗ってチキンレースやっとる」と強烈なカルチャーショックを受けた。洋画も邦画も良い時期で、中学高校の頃はずいぶん映画を観た。映画館に行って支配人に「この映画、学校推薦するから、ちょっと見せてくれ」というと映画はタダで見ることができた。

父は中学三年のときに亡くなっていて、奨学金で高校に行った。入学時は成績が良かったはずだが、高校一年の夏休みに、瀬戸内沿いに鈍行を乗り継ぎ友達と二人で父の田舎の福岡へ遊びに行った。二週間遊びまくって帰ってきたら一気に成績が落ちた。

大学受験時は、家から離れたかったので北海道大学と小樽商科大学を受けたが高望みだった。

浪人になった四月から七月まで、湯村温泉（現・美方郡新温泉町）の義姉の実家で百姓をした。その家の妹が神戸に出てきたので、ちょうど入れ替わりでわたしがお世話になった。その頃の百姓はすごかった。小豆《あずき》畑は山を越えて鳥取の県境まで歩いて二時間、丘の上のジャガイモ畑は三〇分。家には必ず牛が一頭いて、出産にも立ち会った。皆、朝早くから夜遅くまで働いていた。向こうの皆さんは優しくて、帰るときに区長の奥さんから「あんたの嫁はわたしが探すから、もうここにおれ」と言われて往生した。

義姉の実家に、塩尻公明《こうめい》という神戸大学の教育学部の先生の本があった。本の名前は忘れたが、枠にはめない教育の仕方が書いてあり、その考え方にちょっと感動した。義姉の家には昭和一桁生まれの弟がいて、高校を出て大阪の繊維問屋で働いていた。帰省したときには、近くの岸田川で鮎釣りを教えてもらった。塩尻先生の本は彼が読んでいたものだろう。

湯村から戻り自宅で受験勉強を続けた。たまに予備校に行って模試を受けると成績は良く、予備校に通《かよ》っている友達から妬《ねた》まれた。しかし、その場の集中力はあるのだがどうにも続かず勉強が習慣にならない。結局三浪した。神戸商船大学（現・神戸大学海事科学部）に行きたかった。神戸は港町なので子供の頃はしょっちゅう船を観に行った。海軍機関学校を出て機関大佐になった祖父の話を母から聞いた影響もあったかもしれない。だが、英語の成績が伸びず断念した。

浪人時代は神戸電鉄で働く隣のおじさんに踏切調査のアルバイトを紹介してもらった。そのときに土建の仕事の話を聞いて「土木も面白いな」と思うようになった。一九六二（昭和三七）年、滑り止めで受けた京都大学工業教員養成所土木工学学科に合格し、入学した。

京大ボート部

工業教員養成所は、一九六一（昭和三六）年に京大など全国の国立九大学に設置され、高度経済成長期に不足した技術者や工業高校教員をつくる三年制の学校だった。キャンパスは宇治にあった。先生の多くが京大の教授だった。何せ三年制なので無茶苦茶な詰め込み教育。現場実習もあった。スパルタ式のきつい学校でついていくのに必死だったが、わたしは授業にあまり出なかったので、なおのことときつかった。授業に出なかったのは京都大学ボート部に入ったからだ。

入学直後に学校の中の鉄棒で遊んでいたら、スカウトに来たボート部のマネージャーに瀬田川沿いの合宿所に連れて行かれ、飯を食わせてもらった。「明日から布団持ってここに来い」と言われ、「ぼく下宿してなくて通ってるんですわ」と言うと、「ここ来たらええやんか、タダやん」と言われ、ふらふらとその気になってしまい、一宿一飯の義理で入部した。それが今日まで続くボート部仲間との縁の始まりとなる。

ボートは下が板なので、始めたときはまずケツが痛くなった。当時、陸の上ではバック台（「抜苦台」という字を当てる）と呼ぶトレーニングマシンを使っていた。夏になる頃にはケツに筋肉が付くようになり、腹筋と背筋も鍛えられ、抜苦台を漕《こ》ぐときもぴたり、と体が止まり格好がつくようになっていた。

一年のときの学部対抗レースと同志社戦が終わり、そろそろ辞めようかなと思い始めた頃に四年生のコーチが手紙をくれた。「ボート漕ぎに来い。青春の一時代をひとつに精魂込めてやるのも意義のある話やぞ」と書かれていた。この手紙一発でボート部を続けた。さすがに二年生の半ばで引退したのだが、ボート部に籍を置いたままのようになり、「全国大会、手伝いに来い」と引っ張り出されて、東京の戸田コース（戸田漕艇場）まで手伝いに行った。東京に居る先輩のところへ寄付を集めに行き、戸田コースの近くの百姓家を借りて合宿していた。

京大ボート部は琵琶湖の南端、瀬田の唐橋《からはし》のすぐ南に合宿所と船台、小艇庫を今も持っている。冬場はこの辺《あた》りをずいぶんと走らされた。冬はボートに乗ることがないので陸筋《りっきん》――陸上トレーニングばかりになる。冬のあの辺りは風が強い。電柱三本か六本を全力で走り、ジョギングを挟《はさ》んでまたダッシュ。このくり返しはきつかった。

ただ、ボートでいちばんきついのは、やはりパドル――全力で漕ぐことだ。

ボート部の選手は、一緒にトレーニングする中でエイトに乗せるかフォアに乗せるかを選別される。今はフォアが中心のようだが、当時はエイトが「ホンチャン」だった。わたしは最初一度だけエイトをやらせてもらったが、あとはフォアだった。エイトに選ばれる者は高校のときから漕いでいるような奴だった。こちらも体は大きいつもりだったが、筋肉の付き方がぜんぜん違った。体の小さい者はコックス（舵取り）になる。コックスはペース配分から何からすべてを決めて指示を出すので頭が良くなければいけない。コックスは当日の天候や相手のペースを計算し、目の前に座る「整調」と図りながら一分間に何ピッチで漕ぐかを判断する。「ピッチ35で行こう」「40まで上げるぞ！」「精一杯漕げ!!」とピッチが上がっていく。こちらはコックスの指示通りに漕ぐわけだが、「どこまでや

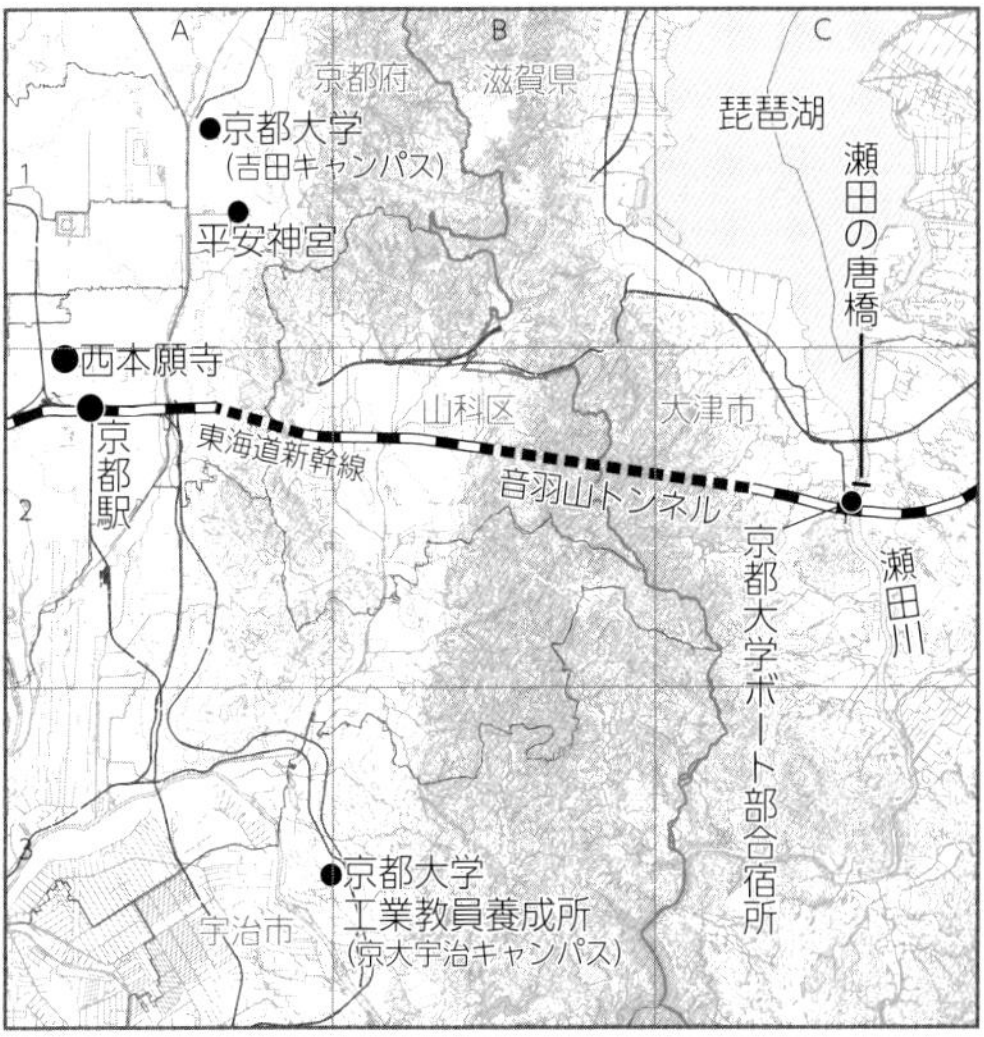

図1-6：京都～瀬田間略図（国土地理院地図を編集部にて加工）

んねん！」というほどパドルで漕がされるときもある。試合に勝つと船台からコックスを抱き上げて水に放り込むわけだが、あれは喜びでやっている以上に、日頃の鬱憤《うっぷん》を晴らす瞬間でもある。

京大ボート部に同期で入った仲間に北川明がいた。同じ長田高校卒ということで意気投合した（高校時代は入れ違い。北川は現役で京大入学）。北川は腹筋背筋が弱く、抜苦台で体がぴたっと止まらず苦戦していた。同志社戦のときにはコックスだったはずだ。それだけに頭は良かった。頓知と駄洒落の利く男だった。一九六四（昭和三九）年、北川は京都の街をこまめに走り回って『京の西山』（出雲路敬和、荻原真一との共著。豊《ゆたか》書房）というガイドブックを出した。刊行後にボート部の仲間で集まって遊んでいたとき、「沖縄行きたいんやけど、なかなかビザが下りん。あきらめなあかん」と言っていた北川は、翌年、「休学する」と言うと世界無銭旅行に出た。小田実《まこと》の『なんでも見てやろう』（六一年、河出書房新社）や、堀江謙一の『太平洋ひとりぼっち』（六二年、文藝春秋新社）が出た頃だ。北川が「インドはすごいとこや」と一度帰国したときに「切手送ってくれんか。記念切手やったらインドでも高う売れる」と頼まれ、ごそっと送ったこともあった。北川は六六年に『48ケ国での青春——はたちのヒッチハイク』（豊書房）という本を出した。

北川の世界無銭旅行壮行会の席で女の子を紹介され、卒業後につきあった。彼女は神戸の銀行で働いていた。その子から「結婚する」と聞かされたときに「お祝いでもせなあかんな」と言うと、「ちょっとその言い方はつれない」と言われた。高校、浪人、大学と女っ気のない青春だったが、このときは少々深入りした思い出がある。

土木工事の現場研修

二年のときに東海道新幹線、三年のときに北海道開発庁（現・国土交通省北海道局）にそれぞれひと夏、夏休みを利用して五〇日から六〇日くらいの現場研修に行った。今でいうインターンのようなもので、行けば単位になり、ちゃんと月給もくれた。

新幹線は、京都・山科《やましな》と滋賀・大津の府県境にある音羽山《おとわやま》の下を通るトンネル（音羽山トンネル）の現場で、山科工区と石山工区、半分ずつ行った。現場では隧道《ずいどう》（トンネル）から出てくる水の水量計算をした。トンネルはしょっちゅう水が出る。切っ先は特にそうだ。大きなトンネル――空洞には、高いところから低いところへと自然と水が寄ってくる。雨が降るとどのくらい水量が増えるかを計算させられた。まだ国鉄が儲かっている頃だった。学生はお客さん扱

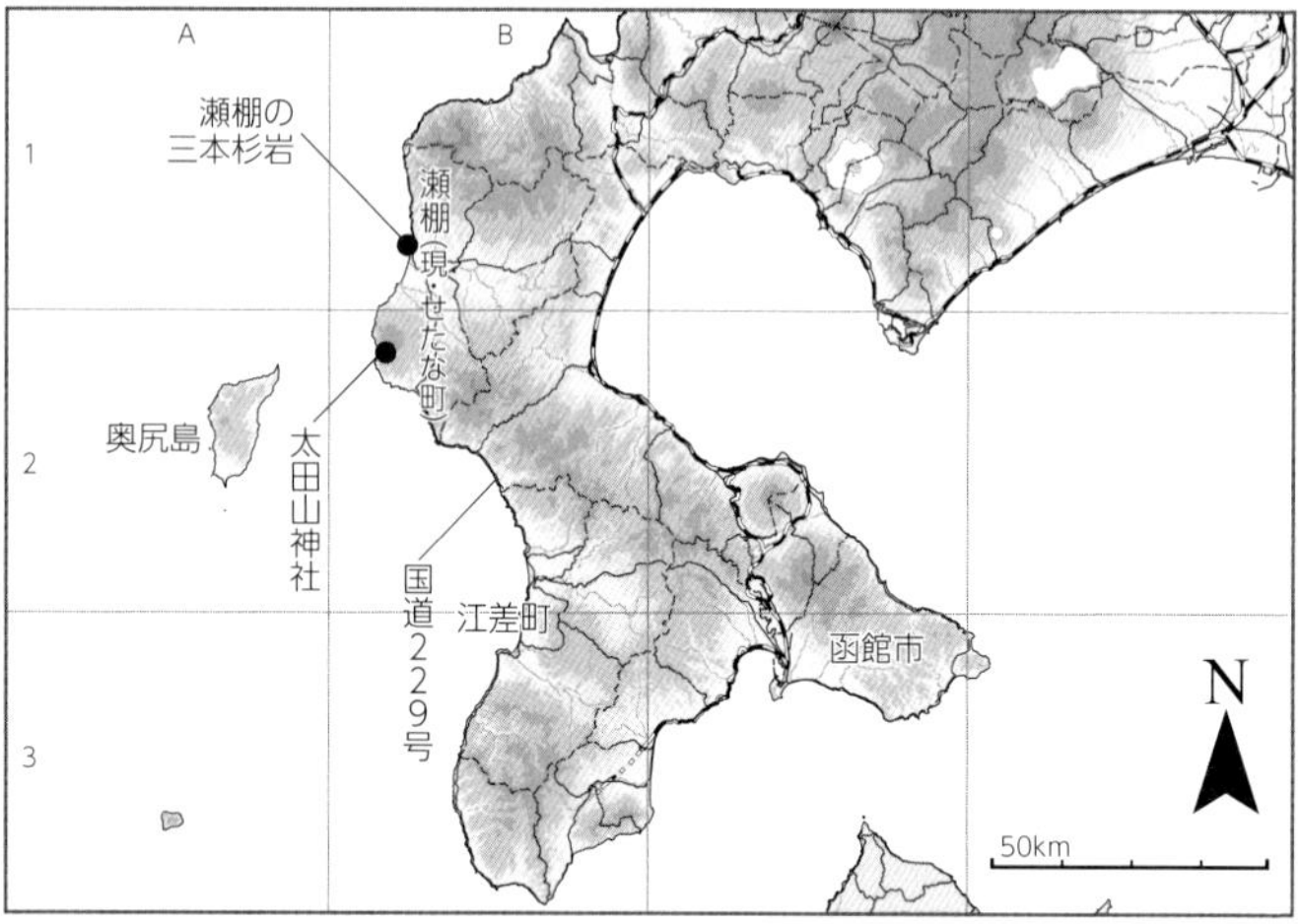

図 1-7：北海道南部（瀬棚、江差、奥尻島）略図

いで、怪我をしたら危ないからと現場の最先端には出してもらえなかった。

研修の最中に死亡事故が出た。そのとき国鉄の人に「全部でこの工事は二〇億円ある。五億にひとり死ぬ。四人までは肚《はら》、くくらなあかんねん」と聞かされてびっくりした。おい、命ってこんなもんかよ、と驚いた。トンネルの中はほんとうに暗くてよく見えない。レールの上にいては危ないとわかっていても、誘導車が警笛を鳴らして入ってきても跳ね飛ばされる。ほんとうに死人が出る現場なのだと知らされた。

北海道は半分は江差《えさし》に、半分は瀬棚《せたな》というところにいた。瀬棚は日本で最初の女医さんが開業した町という話を聞いた。何もないけれど、きれいなところだった。「瀬棚の三本杉岩」という杉の木みたいな岩が三本あった。越中褌《えっちゅうふんどし》で泳いで行くと、波が出てきて褌を流されてしまった。食べ物はうまかった。近所の坊主が取ってきてくれたアワビを食べ、夏の終わりにはイカがうまかった。

瀬棚の仕事は道路工事だった。内地（本州）と北海道では道路のつくり方も違った。路盤材が違う。冬には凍るので、下に水が通るような土は全部入れ替えなければいけない。そうしないと凍上現象が起きて道路が浮き上がってくる。江差と瀬棚を結ぶ街道は何度も走った。鎖を伝って登らないと行けないような神社にも行った。最後はもらった給料をぜんぶ使い、キスリングリュックとテントを背負った「カニ族＊」となり汽車に乗って北海道をぐるっと回ってきた。

後年、奥尻島《おくしりとう》を訪ねたとき、瀬棚に宿をとり一泊した。なつかしの三本杉岩の近くだった。一九九三（平成五）年に起きた北海道南西沖地震の被災地を訪ねた。この奥尻行は若い仲間との旅だった。なぜわたしが六十代になってそのような旅をするようになったのかは後述する。

＊カニ族　一九六〇年代後半から七〇年代のキスリング（横長の大型リュックサック）を背負う青年旅行者の俗称。キスリングは横幅が長く肩幅よりはみだすため、列車の乗降口や通路では直進ができず、横方向に歩いたためこの名がついた。

神戸・旧居留地の水道管

第二章　会社員時代

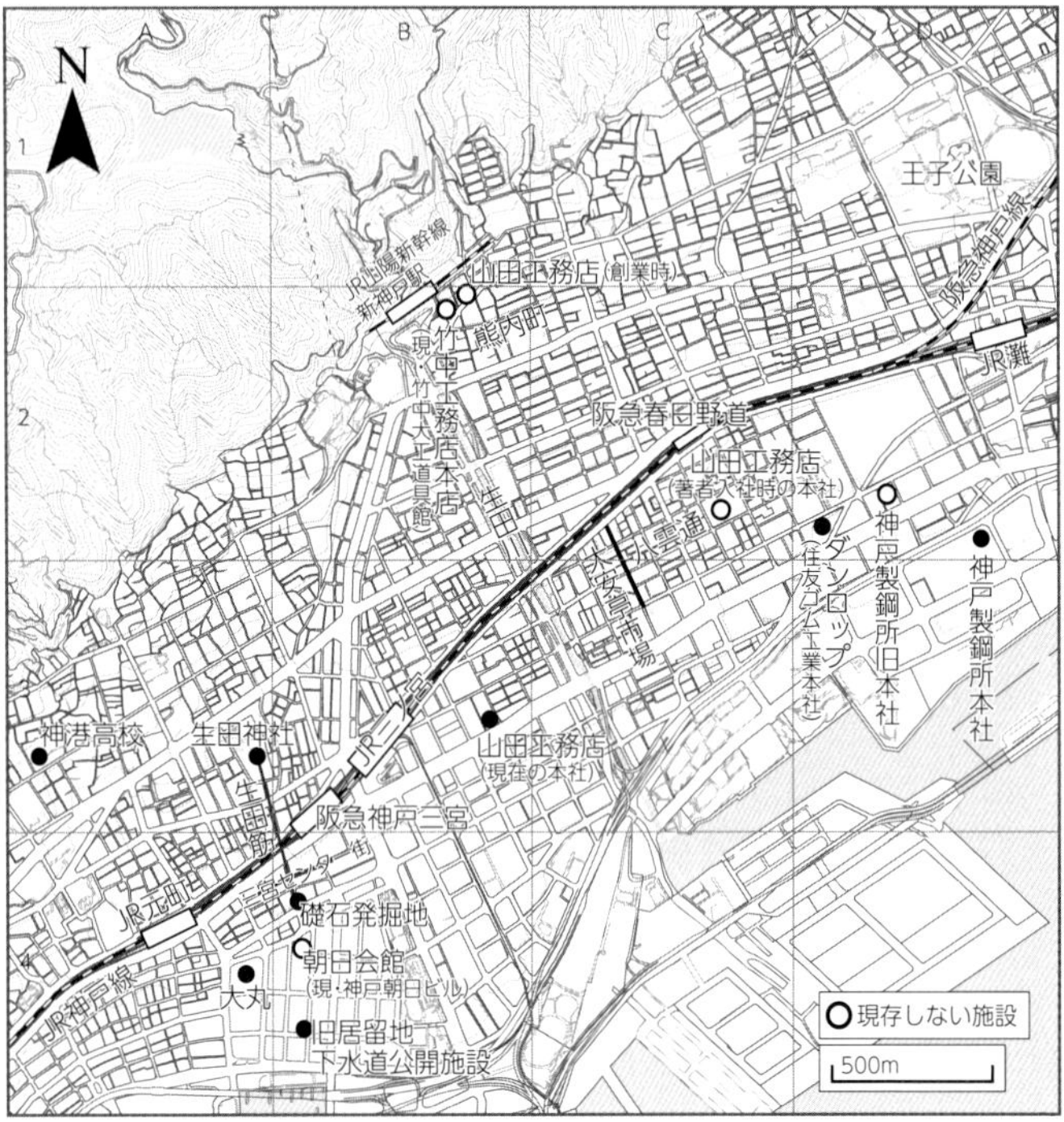

図2-1：会社員時代の現場（現在の神戸市中央区、灘区。国土地理院地図を編集部にて加工）

初任給二万二〇〇〇円

一九六五（昭和四〇）年四月、山田工務店に入社した。現在も続く神戸地元の建設会社だ。本社は神戸の八雲通《やくもどおり》にあり、二代目社長が京大の土木卒だった。初代は佐賀出身のクリスチャン。創業は一九二五（大正一四）年、地元の神戸製鋼所やダンロップ（住友ゴム工業）の社長に可愛がられて、両社の仕事をしてきた建設会社だった。創業時は熊内町《くもちちょう》の社長宅が本社も兼ねており、すぐ横に竹中工務店の本店（現・竹中大工道具館）があった。先代から聞いた話では、夜になっても灯りがついている竹中の建屋を見ながら「まだ仕事しとるな」「うちも頑張ろう」と皆で働いていたという。

わたしの入社当時は臨時雇いも入れて一七〇～一八〇人ほどの社員がいた。わたしは大阪の独身寮に入った。幹部候補生のようなかたちで入り、いきなり主任になって仕事を始めた。初任給は二万二〇〇〇円。当時の大卒給料は東レがいちばん高く、二万八〇〇〇円か二万九〇〇〇円だったので、山田の給料は悪くなかった。

入社の翌年、月給二万八〇〇〇円の頃に、二万五〇〇〇キロ走った中古のブルーバードを二六万円で買った。会社から借金して毎月一万円天引きしてもらっていた。仕事が休みの日に遠出して楽しんだ。はじめは近畿圏、そして中京、中国圏へ、ついには九州一周に及んだ。名神高速多賀サービスエリア（滋賀県）近くでオーバーヒートし、だましだましてサービスエリアのスタンドに駆け込み修理に六時間もかけ、宿泊費が修理に費《つい》え一泊旅行のつもりが日帰りになった。九州一周では高速道路のない時代、夜九時に大阪を出発、朝一〇時に福岡の母方の実家で小休止、相棒の鹿児島県阿久根《あくね》市の実家に夕方四時頃到着、高速道路は名神だけだったので国道二号線三号線をひた走った。宮崎、大分、熊本、長崎、佐賀とすべてを走破した。中でもやまなみハイウェイや天草五橋はすばらしかった。

一九七〇（昭和四五）年、三〇歳になる年に見合い結婚した。妻はわたしが中学三年のときに一年生だった。妻の姉と同級生で家も近かったので知らない顔ではなかったが、話したことはなかった。両家のちょうど中間に、神戸市水道局の局長をしていた人がいて、岳父の故郷と近い土地の出というご縁があった。この人が世話を焼いてくれて見合いをすることになった。当時はまちの中でそういう世話を焼く人がいた。

最初の現場

山田工務店は土木全般をやる会社だったが、わたしの仕事は水関係が多かった。その頃の神戸の下水道はまだ汲《く》み取りが多く、水洗になっていなかった。神戸市が一九六九（昭和四四）年から下水道の整備にかかり始めた頃だった。最初の現場は、垂水《たるみ》の東側のジェームス山に東垂水中層配水池——五〇〇〇トンの水槽をつくる仕事だった。その頃はまだ生コンは普及しておらず、現場で砂とセメントと水をバッチャープラントで混ぜて練《ね》る「現場打ち」で生コンをつくった。わたしは材料の分量を計算する役目だったが、これが面白かった。水を多く入れればコンクリートは打ちやすいが、耐久力がなくなる。固まる前のコンクリートを「スランプコーン」という円錐《えんすい》容器に詰め、コーンを真上に引き上げた際のコンクリート上端の沈み具合「スランプ」をセンチメートル単位で測定する。阪神高速の床版《しょうばん》＊工事のときは、「スランプは二〜三センチまで。五センチ超えたらぜんぶ持って帰れ」と厳しく言われた。

＊床版　高架や橋を通る車の重さを橋桁《はしげた》や橋脚に伝える部分。橋ならば橋梁メーカーが橋桁をつくり、その上に床版メーカーが型枠を設置し、鉄筋を敷設し、コンクリートを打設して床版をつくる。舗装会社がその上に舗装工事を行う。

コンクリートは下り勾配が弱いと、バイブレーター（振動機）を使ってもうまく流れ込んでくれない。すると現場は「軟《やわ》してくれ」と言う。硬いと流速が落ちて角で詰まってしまう。詰まったコンクリートをスコップで流そうとしても、硬いコンクリは重たい。山で水害が起こったときの泥と同じだ。粘性が高いので、掻《か》き出すときに泥がスコップにひっついて重たいのだ。ところが、津浪のときの泥はほとんどが砂なのでスコップから離れやすい。スコップを突っこんでみるとわかる。のちにわたしは兵庫県の内陸部――出石《いずし》や丹波の水害被災地や、東日本大震災の被災地で泥出し作業をするのだが、内陸と海岸では泥が全然違った。海岸の泥はスコップを跳ね上げれば離れるが、内陸の泥はひっついて離れず重い。泥出し作業がひと手間多くなる。

当時の神戸は団地の造成も盛んで、一九六四（昭和三九）年から開発が始まっていた明舞《めいまい》団地*の下水道もだいぶやった。

＊明舞団地　兵庫県と兵庫県住宅供給公社が一九六四～六九年に造成した住宅地。神戸市垂水区から明石市にまたがる約一九七ヘクタール。

団地はまだ造成中なので人がおらず下水道工事はやりやすかったが、街なかの工事はガス管や上水道は走っとるわ、電話線も下（地下）を通っとるわでややこしかった。通行も止めなければいけないし、「下水道工事やります」のチラシも事前に配らないといけない。

神戸の地盤は上、つまり山のほうに行くほど一抱えもふた抱えもあるような転石《てんせき》がよく出た。一九三八（昭和一三）年、阪神大水害のときにそのまま埋めてしまったもので、いざ掘ったときに出てくる。ワイヤーロープで吊り上げるのだが、王子公園の辺《あた》りで工事したときは大きすぎてダンプに二つ三つしか乗らない転石が出た。余計な穴が空くから「大きな転石混じり」と設計変更してもらわなければ予算外のカネがかかってしまう。小さい転石は掘っている途中で落ちてきたりする。それで怪我した者も多かった。大安亭市場《おおやすてい》*の現場では最初にいきなりヤマが来た。ヤマとは土砂がドン、と抜けて崩れることを言う。作業員がいたら大変なことになっていた。崩れないためには矢板（鋼製のシートパイル）を打って防ぐのだが、商店街の中では夜間に音を出せないので、矢板も打てず往生した。

＊大安亭市場　神戸市中央区八雲通の商店街。元は現在のＪＲ三ノ宮駅北東にあった浪花節の小屋「大安亭」周辺の市場の名。一八七一（明治四）年の生田川付け替え工事後、現在の位置に「新大安亭市場」が誕生。一九七五（昭和五〇）年に市場が法人となった際に「大安亭市場」に改称。

尺貫法と侠気

土木の仕事の多くは神戸市が施主で、山田工務店が請《う》け、その下に下請がいた。山田は大手と同じく直営の作業員（当時は人夫《にんぷ》と言っていた）を持たない。人夫の上には親方と棒心《ぼうしん》がいた。棒心は親方の次の地位の大番頭で、現場をよく知り差配する。古い人間は「ぼうすん」と呼んでいた。わたしは所長から「棒心の傍《そば》におれ。そこから仕事を覚えい」と言われた。たとえば棒心から「ニロクのパネル持ってこい」と言われる。こちらは「ニロク」がわからない。二尺×六尺のコンクリート止めの堰板《せきいた》*のことだった。インチ、フィートは習ったが、大学の土木は尺貫法を教えてはくれなかった。「ジョウのバタ持ってこい」と言われる。「ジョウ」は「丈《じょう》」、十尺のこと。バタは「バタ角（端太角）」と呼ばれる基礎部に敷く角材。こういうことを棒心の横について覚えていった。尺貫法は現場でものをつくるときに便利だったこともあり、すぐに慣れた。

＊堰板　型枠（生コンが固まるまで保持する仮設の枠）の一種。コンクリートに直接接する板の部分。材料は木材、ベニヤ板、鋼板、プラスチック板など。

山田の人間の役目はスコップを持つことではなかった。会社からは「最前線には出るな。お前はそこの番頭やねんから、人がどう動いとるか上から見とったらええんや」と言われていたが、現場というものには人手が足りないときがある。そんなときにはつい体が動いてしまった。「自分を鍛えるという意味でええやろ」と思っていた。

こちらも最初は現場の実際がわからない。山田の側でもベテランになると棒心に対して自分の意思を通していたが、当時のわたしには棒心は皆、年上。なるべく棒心の気持ちを汲《く》んで仕事をした。下請にはいろんな人がいた。ある現場で一緒になった親方は、戦争中に朝鮮半島から九州に渡ってきたと言っていた。タコ部屋で悲惨な目に遭《あ》ったという話を聞かされた。「トイレの汲み取り口の小さい窓から逃げて、九州から山口に逃げて神戸に出てきたんや」と言っていた。そこの棒心がわたしに「今日休ましてくれ」と言ってきた日があった。「どないしたんや」と訊《き》くと「俺まだ保護観察期間中や。月にいっぺん、保護司のところに行かなあかんねん」と言われた。そういう人たちが現場にはけっこういた。皆、侠気《おとこぎ》があった。侠気どうしでつきあっていれば何も怖いことはないが、あからさまな差別は信を失う。わたしはその棒心とは良い仕事ができていたと思う。同じ山田工務店の中でも、彼と仕事をしてなかなかうまくできない者はいた。何が違うのかはよくわからない。

現場で気を遣《つか》ったのは商売人だった。工事で店の前が通れなくなると、すぐ補償を言ってくる。直接道を塞《ふさ》ぐことになる店には事前に通知していたが、裏の路地を入ったところのおしぼり屋に「工事で水が濁《にご》っておしぼり真っ赤っかにされた」と怒られたこともあった。今ならば神戸市が事前に「ここ工事するで」と地区の人に周知徹底しなければいけないのだが、その頃はまだそんな仕組みはできていなかった。元請の山田が地元住民向けの説明会をやるわけだが、「俺にちょっと話させい」と市会議員なんかがやってくるだけで、大安亭市場で工事したときも「ちょっと理事長、代わりに行って話を聞いといてくれや」といったかんじで、工事で影響を受けるはずの商店主が来ない。

役所が何かをしてくれるわけではない。たとえば工事をしていて穴を掘り、そこに酔っ払って落ちる人がいたとする。それは「山田がここで工事をやったからや」という話になる。こっちは下手《したで》に出なければいけない。長田の大橋九丁目交差点で三〇〇ミリのヒューム管を入れる工事をしたとき、歩道の側から歩行者が落ちないようにバリケードを組むことになった。役所が「そこはロープでええわ」と言うので「ああそうでっか」とロープで結《ゆ》ったのだが、そこに酔っ払いが入ってきて深さ六メートルの穴に落ちて怪我をした。本人が「俺が悪かった」と言ってくれて助かったが、読売新聞に「柵ナシ暗渠《あんきょ》工事」と書かれた。「なんや、そっちの指示やないかい」と役所とやり合った。落ちた酔っ払いとはあとあと仲良くなった。三菱電機の職工さんだった。大手企業に勤めている人だからうるさいことは言わないだろうと思っていたが、実際ぜんぜん言わなかった。落ちたときは「おーいおーい」と呼んでいたらしい。雨の日だったが、横の喫茶店のおばちゃんが「なんか声聞こえる」と表に出てきて、見ると穴の底に人がいる。救急車で運ばれた。現場ではそういうことが何度も起きる。

明舞団地の工事では人夫の死亡事故が一件あった。ダンプの運転手だった。捨て場に行って残土を捨てようとしたが、ダンプの荷台が上がらなかったらしい。覗き込んでいるときに、どん、と油圧が抜けた。現場事務所から急いで捨て場に行き、なんとか引っ張り出すとまだ温《ぬく》い。

救急車を呼んで「病院まで運んでくれ」と言っても「いやもう息ない」。「温いやないか！　病院まで運べや！」と大喧嘩になった。一九七〇（昭和四五）年だったと覚えている。事故は朝の一〇時頃で、昼には霊安室だった。刑事の事情聴取は短かったが、労働基準監督署は厳しかった。業務停止命令までは出なかったが、現場は二、三日休むことになった。葬式までぜんぶ面倒を見た。嫁さんは元町でホルモン屋をやっていた。ダンプの運転手からは「ホルモン食いにきてな、所長」と言われていた。五〇歳くらいの人のいいおっさんだった。

前始末

現場最前線では、あとになって聞いた聞かないの話が出てくる。事前の準備、段取り、打ち合わせが重要になってくる。同じ山田工務店の先輩や同僚を見ても、そういう段取りがうまい人と下手《へた》な人がいた。現場では「仕事の山谷《やまたに》を崩せ」と教わった。今日は人夫一〇人、明日は三〇人、そのあと減ってまた一〇人……こういう仕事がいちばん良くない。そうならないために必要な事前の段取りを、かつては「前始末」と言った。今では建設現場でも死語になっているようだ。「前始末」は災害で言う「事前復興」だ。これができない土建屋は、うまく仕事ができない。後始末ができる者は多いが、「この工事に関してはこういうことが起こるんちゃうか、ああいうことが起こるんちゃうか」と想像しなければいけない前始末はなかなかできない。「前始末」は建設現場だけの話ではない。生活するうえでも然《しか》りだろう。事前に対策を立てて災害に遭《あ》うのと、まったく準備していない状態で遭うのとではまるで違う。神戸の地震は何も用意がなかった、神戸には地震はないと小学校のときに教えられていた。「六甲山見てみい、あんな硬いもんが揺れるかいや」と。

段取りのうまい下手の違いは、人に対する配慮だったように思う。役所に対しては「仕事をやっている」、対抗しているぐらいの気持ちでいいのだが、住民に対しては「やらせてもらってる」でなければいけない。人とのつきあいとはそういうものなのだということは、現場経験を重ねていくうちになんとなくわかってきたように思う。

人とのつきあい方が大事ということは社内に対しても同じだった。たとえば倉庫の人との人間関係だ。土木の仕事は資材の調達も大事な仕事になる。水道管のように役所から支給されるものもあれば、こちらで買うものもあった。資材の値段には相場の上がり下がりがあり、オイルショックでセメントがなくなったときは往生した。わたしの現場も赤字を出した。「台湾製でいいからとにかく確保してくれ」と資材係に頼み手に入れたはよかったが、資材は生きもので、一ヶ月も置いておくと湿気を吸って硬くなり〝風邪をひいて〟使いものにならなくなった。

自前の資材は山田の倉庫が持っていた。大きな倉庫を持っていないと土木の仕事はできない。木材も堰板もすべて倉庫が管理しており、社内の振替伝票で倉庫から買う。現場から倉庫に返すときにはナンボで引き取ってくれるという交渉になる。二回三回と同じ資材を使えば減価償却で単価が下がる。入札価格を叩かれた仕事に行くときには、どれだけ安い資材で仕事を回すかが肝《きも》になる。暇なときには職人を集めて「あのパネル、穴開いてるの直しとけ」と修理させていた。それを倉庫へ返せばそこそこの値で引き取ってもらえる。いいかげんな返し方をすると「現場でこれだけ消耗しとる」ということで割引率が高くなってしまう。当時は足場もみな丸太だったが、丸太も投げて落として折ったりすると怒られた。杉の間伐材でつくった丸太を何度も大事に使っていた。

「エラいもん出てきた、文化財やぞ」

旧居留地で明治時代のレンガづくりの下水管を掘り出したことがあった。大丸の横で下水道工事をしていると人夫が「何《なん》か当たった」と言う。事前に調べてあるので、そんなところにガス管や水道管があるはずはない。周《まわ》りの土をさらうと、レンガづくりのきれいな卵形の管が出てきてびっくりした。中はカラカラだったけれど、「いやあ、ええ仕事しとる」とわかった。「エラいもん出てきた。これはあれや、文化財やぞ」と役所の人間に言いに行った。レンガづくりの下水管は、二〇〇四（平成一六）年に国登録有形文化財に登録された。

神戸は掘ってみるといろいろなものが出てきた。一九七九（昭和五四）年に生田神社の南、朝日会館の前の辺《あた》りで雨水《うすい》管線工事をやっていたときに、生田神社の昔の鳥居の礎石《そせき》が出てきたこともあった。大きな石の上面部にちょっと穴を開けて、鳥居の根をそこに埋めて基礎にする大きな石だ。掘り出した下請が「ほかす（捨てる）」と言ったが「ちょと待て、これはほかされへんわ。神社呼んでくるわい」と生田神社の人を呼んできたら、「これ神社まで運んでくれとなった。「こんなごっついの運ぶのかあ……ナンボくれんねん」と言いたくなった。訊《き》けば鳥居は安政南海地震*で折れたとのことだった。

＊安政南海地震と生田神社の鳥居　現在の三宮センター街の南、生田筋南端の赤鳥居が建つ位置には江戸時代初期に石鳥居が建てられていたが、安政南海地震（一八五四［嘉永七］年一一月五日）で倒壊。現在、生田神社境内の一角に支柱と笠木、そして著者によって掘り出された礎石が置かれている。

こうなると仕事が止まって往生するのだが、こういうものを見つけ出すのは面白かった。神港高校でグラウンドをつくる仕事をしているとき、大きな隅石《すみいし》（石垣の角の部分に用いられる石）

を外してみると、上の石の底部にヘソのような突起があった。下の石のへこませた部分と噛み合うようになっているので崩れない。これにはびっくりした。わたしも石積みはけっこうやってきたが、こんなやり方は知らなかった。現場で加工したのだろう。先人の知恵というものは面白いと思った。こういうものを現場で見つけると実にわくわくした。同じ土木をやっている人間でも、そういうことに全然興味がない人もいる。違いは何なのか今もよくわからない。神港高校の仕事では石垣にひっついて家が建っていた。なんとかきれいに石垣を取り崩すことができたので、「近所をうまいこと押さえてくれた」と、校長先生にえらく褒《ほ》められたことも覚えている。建設の現場は楽しかった。

建設の仕事をしていたことで、震災の直後にひとつ気づいたことがあった。焼けた長田で会社の周辺を見て回ったが、一ヶ所も噴水しているところを見なかった。上水道には圧力がかかっているから、本管が割れると三階建の高さくらいまで水が噴き上がる。わたしには何回か本管を割ってそこらじゅうを河みたいに水浸しにした経験があった。「これは上で止めてんな」と思った。このまま水圧をかけて水を出していたら、あちこちで管が割れたときに、配水池の水がなくなるから貯めておこうと考えて止めたのだろうか。

自動車の部品(プラグ)

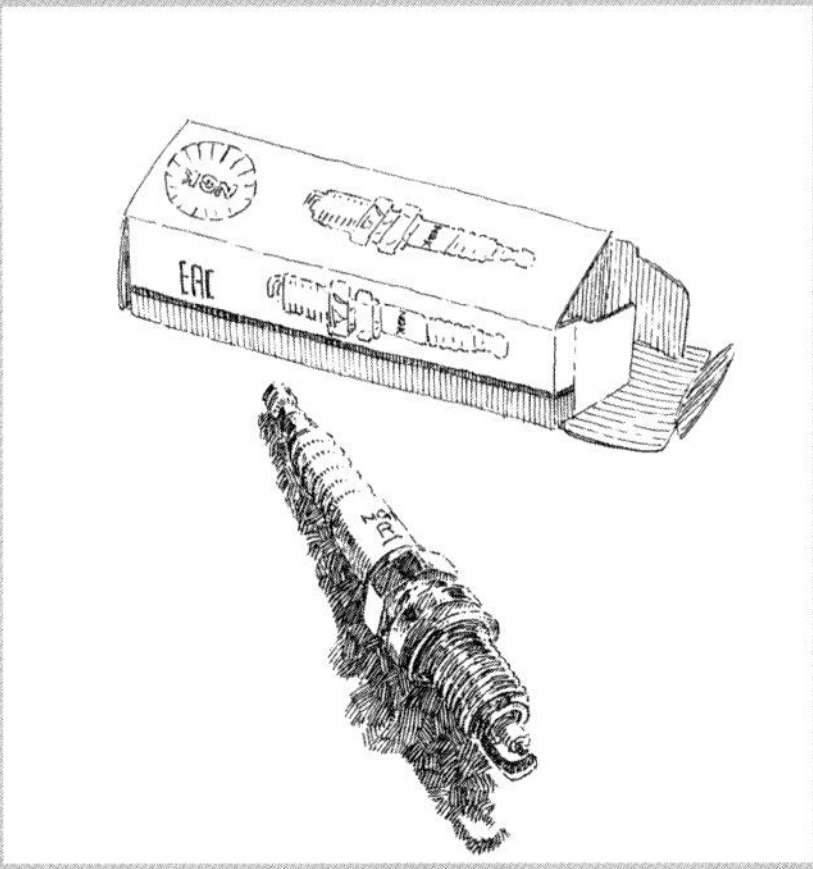

第三章　経営者になる

「お前が来なかったらもう会社やめる」

結婚していなければ山田工務店は辞めていなかっただろう。結婚は一九七〇（昭和四五）年、三〇歳になる年だった。独身寮を出て垂水《たるみ》で暮らし始めた。翌年に娘が生まれ、長田《ながた》の妻の実家で暮らすようになった。七四（昭和四九）年に妻の母が亡くなり、翌年に妻の父――親父が脳梗塞になった。右手が少ししびれる程度で済んだのだが、少し気が弱くなっていたのだろう、そのときに親父から「うちに来んか」という話をされた。親父が終戦後に創業した自動車部品販売会社・兵庫商会だ。当時は長女の婿《むこ》が取締役で兵庫商会におり、屋上屋を重ねることにならないかと思い「ちょっとなあ、現場が面白いから」と断った。実際、土建屋の現場仕事は面白かった。

一九八一（昭和五六）年だったと思う。親父が二度目の脳梗塞を発症し、再度、話を切り出された。「ちょっと待ってくれ。俺にも考えさせてくれ。今、所長で現場も持っとるし動かれへん」と言い、考えに考えて、夏で辞めようと肚《はら》をくくったのが五月だった。山田工務店での最後の仕事が、神港高校の工事――あの石積みのある現場だった。

肚をくくったのは、親父が「お前が来なかったらもう会社やめる」と言ったからだ。「長女の婿ではできない」と親父ははっきり言った。そこまで言われたら肚をくくるしかない。それでもわたしは条件を出した。親父には四人の娘がいて、わたしの妻は末妹だった。「上三人の旦那の許可を取ってくれ。それでなかったら行けない。三人が納得せんことには行かれへん」と。親父からは「全部話した。皆の了解は取っとる」と返事が来た。

土建屋から自動車部品販売への転職はまったくの畑違いだ。自動車部品は型番の数字が一二桁ぐらいある。コンピューターもない時代に、その一二桁をベテラン社員は暗唱していた。「この歳になってあれはちょっと覚えられへん。何か参考書でもあったら教えてくれ」と親父に言ったのだが、「そんなもんは番頭に任せといたらいい。お前に最前線に立ってやれとは言わへん。俺の跡取ってくれたらいいねん。社長業を傍《そば》で見とったらいい」と言われた。「経理もやる奴おるから別にかまへん。営業も経理も、どこへ出しても恥ずかしくないトップがおる」と。会社を解散し、会社の資産である人材を路頭に迷わせるようなことはいかん――と思った。妻は「断るんやったら断ってもろてもええ。自分の好きなようにして」とだけ言った。「移りますわ」と親父に返事をし、社長室長の肩書で兵庫商会に入社した。四一歳になる年だった。

当時の兵庫商会には五〇名弱の社員がいた。親父には「汗かく仕事は全然苦にならんので、修理工でもなんでもいいから、いちど最前線に出させてくれ」と言ったのだが、「その歳になっとったら出んでもええ。儲かっとるからええやないか」と言われた。

兵庫商会に入社してから四、五年ほど経った頃、得意先である修理工場の社長とゴルフをしたときに、社長からちらっと「うちの会社、面倒見てくれへんか」と言われた。社員数は一二～一三人、けっして悪い会社ではなかったのでびっくりした。このまま自動車部品販売だけではいかんのではないか——と思っていた頃だったので、親父に「あそこを引き受けて、修理工場やってみたいんやけど」と言ってみたのだが、「そんなことせんでええ。部品屋で行け」とはっきり言われた。「お前にそんなことしてもらいにここに来てもらったんとちゃう。俺の後釜でいいんやから」と。

四三歳の取締役就任

入社二年後の一九八三（昭和五八）年、四三歳になる年に取締役になった。勤め人の土建屋と経営者は確かに大きな違いではあったが、経営者という仕事は土建屋の現場の長の経験と一緒だとわかった。土建の現場所長はゼニカネを日々計算していなくてはいけない。今、どれだけカネを突っ込んで、どれだけ利益を上げているかを常時見ておかなくては仕事にならない。また、わたしは土建屋時代、家に現場の若い連中を連れ来て晩飯を食わせたりしていた。妻の実家暮らしだったので親父にも遠慮があり、そんなに連れてきた覚えはなかったのだが、新婚の妻からは「しょっちゅう連れて来とった」と言われた。親父はそのあたりを見ていたのだろう。「こいつは人を使えるやろう」と見ていたのだと思う。

兵庫商会に入って四年後の一九八五（昭和六〇）年、名谷《みょうだに》（須磨区）に今の家を新築して移った。山田工務店時代の部下たちがトラックまで出して引っ越しの手伝いに来てくれた。そのとき親父に「お前えらいなあ、会社辞めてもう四年なんのやろ？　こんなに手伝いにくんのか」と褒《ほ》められた。

会社の人間を家に連れてきて飯を食わせるということは、上三人の婿も親父もほとんどしていなかった。こちらは人の出入りがある大家族で育ったので、そういうことには抵抗がない。ただ、同じ家で育った兄たちが同じように会社の若いのを連れてくるということもなかった。四兄弟の中で三男のわたしだけがちょっと違うようだ。兄や弟は外で呑んでいた。こちらはまったく酒が呑めない。子供の頃、父が酔っ払って帰ってきて、背広を着たまま玄関でどてんとひっくり返り、おふくろと兄貴がぶつぶついいながら靴を脱がせて布団まで運ぶのを見ていた。「将来、ああはなりたくない」と思っていた。おふくろのぼやきが効いたのかもしれない。

焼けてみてわかった無駄

自動車部品販売会社には自動車メーカーの系列企業も多いが、兵庫商会は独立系だった。メーカー系の部品会社――トヨタならばトヨタ部品兵庫共販や、日産ならば日産部品近畿販売から仕入れ、地元の修理工場やタクシー会社や運送屋に売る。同業の部品販売会社に売る仲間卸もやっていた。メーカー系の部品会社は全国的に統合される傾向があり、トヨタ部品兵庫共販は二〇二〇(令和二)年にトヨタモビリティパーツという会社になった。プラグ大手のNGK(注・日本特殊陶業のプラグのブランド)のように自動車メーカー系列ではない会社の製品は全国商社から、海外の自動車メーカーの部品はヤナセを通して仕入れた。

兵庫商会のような独立系の強味は、地元の得意先をよく知っている点にある。あちこちのまちの修理工場にトヨタの人間が配達し、集金に行くなどということはできっこない。修理工場に集金に行けば「今日は社長おらへん」と言われるのはしょっちゅうだ。そこは地元の部品屋に任せてもらうことになる。こちらは「ここの社長はこういう性格」ということがわかっている。その得意先からは「兵庫商会に言えば間違いなく部品がある。早く正確に届けてくれる」と言われなくてはいけない。正確に、間違いなく、早く届けて、得意先とのコンタクトを欠かさない。これが地元の部品会社の強味になる。

自動車部品は車一台あたり三万〜四万点ある。膨大な量だ。車種を変えるたびに部品も変わる。部品販売会社の倉庫は在庫だらけになる。わたしが兵庫商会に入ったとき、部品の在庫額は一億三五〇〇万円あった。余分な在庫は減らしていったが、震災で皆焼けたときでもまだ九五〇〇万円あった。部品会社の最前線の人間は、年に一度出るか出ないかという商品を大事に抱えてしまう。ベテランほどそうなる。「あんたとこに在庫ないか？」と訊かれて、「ああ、あるで」と言えると、得意先にはいい顔ができ天狗になれる。それが利益を生んでいないことに気づかない。ベテランになればなるほど、このドツボに嵌《は》まっていく。片づけようとすると「それ動かしたらアカン！」と抵抗し、しまいには自分の配達用の車の中に在庫を置くようになる。

だがその在庫は、わたしから見ればデッドストックなのだ。震災で社屋六棟のうち五棟が焼けてよくわかったが、倉庫は五棟もいらなかった。震災後に建てたコンテナハウスひとつで足りたのだ。震災の年は変則の一〇ヶ月決算にしたが、締めてみると前年とほぼ同額近くの売上げになった。わたしが兵庫商会に入社した一九八一（昭和五六）年には、自動車部品販売業はもう特定不況産業に放り込まれていた。入社した年の年商は一二〜一三億ほどで、その額は今日まで大きく変わらない。

部品は基本、買切なので返品はできない。返品を受けてもらえるのは、せいぜいが一週間から一〇日だ。粗利はかつて三割近くあったが、年を追ってメーカーからの縛りがきつくなり、今では二割程度に下がった。わたしが兵庫県自動車部品商組合の理事長をしていた頃、大手自動車メーカーが利益率が高い商品の値を釣り上げ、値引き幅を勝手に変えようとしたことがあった。それは困ると県内の部品販売会社三七社で連判状をつくり、本社に持っていってひっくり返したこともあった。

かつては、自動車メーカー直系の部品会社から、こちらの要望通りのスケジュールで、希望通りの数を仕入れることができたが、日を追って「うちの系列販社用のデポに回すので、そっちには出されへん」と、はっきり断られることが増えた。メーカーがうちの得意先に直《ちょく》で品を売るケースも出てきた。メーカー系販社の営業マンはノルマを達成するため安売りをする。電子決済なので集金の手間もかからないというが、そのやり方で利益が出るだろうか。皆、自分のことばかり考えるようになり始めた。目先の損得が第一なのだ。

昔は得意先のほうが部品を取りに来てくれたりもしたが、多くはこちらから届けて廻る。最初は自転車で配達していたものがバイクに替わり、そのうち軽トラになり、だんだん部品が大きくなって軽トラでは間に合わなくなってトラックを買う。こうして固定費がかさんでくる。電装部品が増え、電池まで売るようになった。「これ配達して元取れんのか」というような小さな部品も日々増えていった。

「えらいとこに来たな」

創業社長の娘婿が四〇歳を過ぎて入ってきたわけで、社員の皆も最初は冷たいものだった。ベテラン社員は「何ができるんや」「何するものぞ」と思っていただろう。入社して一ヶ月め、三十代後半の社員四〜五人に呼ばれて一緒に飯を食った。上の者への苦情をさんざん聞かされた。「教え方が悪い」とかなんとか、そういう話だった。こちらは昨日今日入ってきた身なので、社内の人間の性格もわからず正邪を判断する能力もない。「そらあ不平不満もあるやろう。俺も土建の現場でカリカリくることはいっぱいあったし、競いおうとる奴もおった。あんま腹立って上司に文句言いに言ったこともあるし、喧嘩したこともある。あと四、五年もしたら自分らの時代来るで。だから頑張ろうや」と言って慰めたが、正直「えらいとこに来たな」とは思った。

親父が「商売のことやったらあいつに学べ」という親父の小飼いの男がいた。その男が会社のカネを使って自分で商売をしていることがわかった。わたしが入社してから二年ほど経った頃だった。よその人間が創業者に呼ばれて次の経営者含みで入ってくるときには、こういうことが起きる。小飼いの番頭は、確かに商売はうまかった。だが、若い者がついていくかどうかは別の話だ。親父は小飼いにも「ちゃんと因果は含めた」と言っていた。こちらはその言葉を一〇〇%信用しなければいけない。そこが中途半端では全力傾注の仕事はできない。それでも、小飼いの男はピンハネをしていた。「やられたな」と思った。「親父も歳とったな。これがわからんかったか」と。ピンハネの件は社内で発覚したのではなかった。税務署の反面調査でわかったのだ。わたしは親父に「クビにしろとまでは言わん。ただ、取ったもんは返させろ」と言ったのだが、親父は「そこまで、すな」と言った。しまいには「俺の面子に関わる」と言い出した。

こういうことが起きたあとは、こちらは、ほかにそういうことをしている者はいないかどうか探すのに必死だった。探してみて二人目が出てきたのは、さすがにきつかった。「ピンハネしたカネ、返されへんのやったら、辞めてもらうしかないで」と親父に言うと、このときは親父も納得して「切れ」と言った。親父もよほど肚に据えかねたのだろう。

幸い、こういった騒動が起きたときも、社員たちが割れることはなかった。皆、わたしについてきてくれた。理由は、社員たちがそれまでの上に対して全幅の信頼を置いてなかったからだ。こちらに信を置いてついてきてくれた、という話ではない。

一九八九年、元号が昭和から平成に変わった年に兵庫商会の社長になった。四九歳になる年だった。

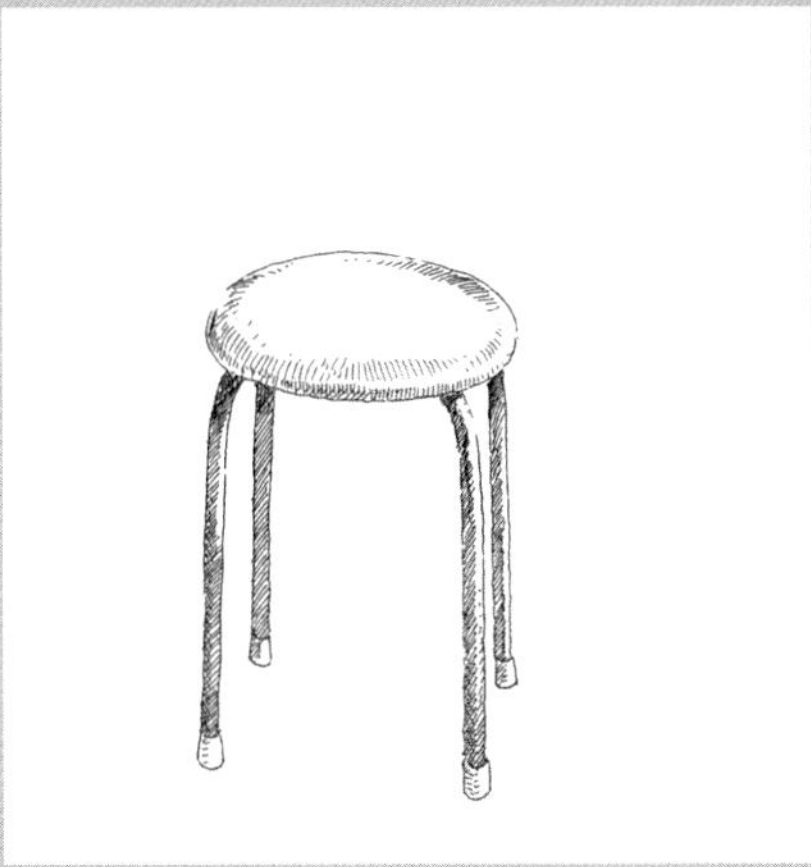

梅田さんがゆずってくれた丸椅子

第四章　再建

緊急対策

震災で会社の建物は六棟のうち五棟が壊れた。仕入れていた部品もすべて灰になった。四三人いた従業員は幸い全員が無事だった。震災当日、一棟残った建物を拠点に続けていくと決め、従業員や取引先に伝えた。従業員は家が壊れた人が多かったが、仕事はあるという安心感を示したかった。以下は震災直後にメモ書きした「緊急対策」だ。

緊急対策

(1) 対社内

(i) 社員と家族そしてその家屋の安否調査

(ii) とりあえず向かいの倉庫1Fと仮事務所、机、椅子、電気水道、電話、仮伝、コンピュータ、いつまでに手配、片づけ対策

(2) 対内、対外見舞受付

見舞の受付と見舞う所の選定と何をどうする

(3) 対仕入先

(i) 正確に現状を報告する　支払の延期について　いつ頃に請求書の再発行　得意先の要望を聞く　etc.

（４）対得意先　（ⅰ）得意先を単車でくまなく廻り　当方の状況をよく説明し
また相手方の状況を良く聞き書きする

（５）対銀行各官公庁近隣 etc.

対内外見舞受付発信　亀尾、岸本弟
対社内　金井、岸本、沢田、大久保、バイト
対仕入先　友定、田中
対得意先　田野、西村、羽根田、藤元
対銀行官公庁　林、高
社長　総括する

ここに書いたように現場は社員にみな任せた。自分の仕事は社員よりも先のこと——金策を含めた「前始末」をやることだと考えた。給料は一日早く一月二四日に出した。前捌《まえさば》きは充分できている、と思った。地区外で被害を受けていない取引先にはずいぶんと協力してもらった。必死で走り回り、二ヶ月後には売り上げを前年の八〇％にまで戻すことができた。一月末から都合六回、取引先宛に礼状を送った。これはそのまま被災直後九ヶ月の経営者としての記録でもある。

取引先宛礼状（一月二八日）——この惨状たるや名状し難いものです

前略　このたびの阪神大震災に対しまして、早速にも交通事情の極めて悪い最中に度重《たび》なる数多くの御見舞、そして心温まるお言葉の数々をいただきまして、そのご厚情の程《ほど》、深く感謝いたしますとともに、ありがたく、厚く御礼申し上げます。

当日朝、普段より一時間半遅れの八時半過ぎに会社に到着しますと、四階建事務所の一階部は陥没してすでに火も廻り手の出しようもなし。さらに鉄筋二階建の部品部のほうも、これまた一階部が陥没、同じく燃焼中。水も出なくてただ見るのみ。さらに東の倉庫も見る間に火が迫り、消火器片手に奮闘、どうにか残りました。近隣の木造は言うに及ばず、鉄筋コンクリート造の事務所、倉庫棟もことごとく傷《いた》んでおります。

木造二階建てはほとんど一階が崩れ平屋《ひらや》になり、平屋は屋根が落ちてぺしゃんこ状態。そしてこれに追い打ちをかけるがごとくの火災。

この惨状たるや名状し難いものです。下敷きになった人も多く、その間に火が廻って……。

昼過ぎというのに会社の前のメーン通りは火災の煙で薄暮と化し息苦しい。消防、救急車、サイレンの音ひっきりなしでけたたましい。目を移せばすべて灰燼《かいじん》と化した中で、燃え残りの小さな火の塊《かたまり》があちこちで三つ、四つ、七つ、八つ。青白い炎はガス管から出ているものでしょう。まるで戦災です。五〇年前の焼野原の再現。

幸いにもわが社の社員とその家族も一同無事を確認し、受けました激励の数々に再建の思いを新たにし、その道を突っ走るべく邁進《まいしん》しております（家屋の倒壊焼失一名、倒壊三名、損壊多数）。

以上取り急ぎ御礼とご報告まで。

草々

平成七年一月二八日

㈱兵庫商会　田中保三

取引先宛礼状（二月七日）――従来の如くには及ぶべくもございませんが

前略　貴社益々御発展の段お慶び申しあげます。さてこのたびの震災より早いもので三週間を経ました。私ども社員一同元気に揃って復興に当たっております。

おりしも立春を過ぎ、これを起点に再起を図《はか》り、そしてほんとうの春を迎えたいものと社員全員頑張っておりますことをご報告させていただきます。

また、すでに皆様方の多大なる物心両面におけるご援助、御助言に、この難局にあたりどれほど私《わたくし》を始め社員一同を励ましていただきましたことか、筆舌に尽くせません。

ほんとうに、ほんとうにありがとうございました。

このご恩に対し、懸命にやることのみが果たせられた命題と肝に銘じ自身を奮い立たせております。

再開して旬日を過ぎ、ようやく部品商らしくなってまいりました。

従来の如《ごと》くにはまだまだ及ぶべくもございませんが、皆様方の骨身を惜しまぬ御協力、夜討ち朝駆けの配送、ほんとうに感謝の一語、平伏致します。

今一層、真面目に、そして正直にを心がけ、地道にやっていきたいと念じております。

あの美しい街神戸、我が愛する下町長田、今や見るかげもなくゴーストタウン化していますが、きっと、きっと、また街の灯もかつての賑わいを取り戻すことでしょう。否、そうすべく、その道で一身を捧げたいと思っています。

なにくそこのままやられてたまるか！　の精神で。

以上取り急ぎ御礼とご報告まで。

草々

平成七年二月七日

㈱兵庫商会　田中保三

取引先宛礼状（二月一七日）――一歩ずつ春は来ています

謹啓　朝の出かけるときの寒さに比べ、昼の暖かさ、春が来たかと思うとまたぐっと冷え込んでくる、このもどる寒さは自然が春を迎える陣痛と思える今日このごろです。

さて、震災後一ヶ月、焼け野原を貫く大通りも夜になると街灯もともるようになりました。今まで真っ暗で不気味な夜を迎えていましたが、今、そのあかりがなんともいえない安堵感を与えてくれます。

また、焼け跡に野草が芽吹いているのも見ました。

一歩ずつ春は来ています。そして少しずつ人の心も回復して来ているようにも見えます。

当社も一月三〇日よりコンピューターが稼働し、本格的に売りを立てられるようになり、風邪で休んでいる一名を除いて全員元気を出して日毎の業務に励み、なんとか復興の目途もつき始めました。

これもひとえに皆様方の心底からの温かいご支援のお蔭と深く感謝致しております。

ほんとうに、ありがとうございました。

この打撃の大きさに、ともすれば崩れ落ちそうになる精神的圧迫を今まで撥《は》ね除《の》けて来られましたのも、皆様方の昼夜を分かたぬ数多くの物心両面によるご援助の賜物《たまもの》と肝に深く銘じております。

私はもとより社員にとりましても、この大きな出来事はいろいろと勉強させられ、得るところ誠に大であったと思います。

人の心の温かさによって我が身も熱く燃えることを、ほんとうに身に染みて感得できました し、省《かえり》みて我が成すところの少なさに恥じ入るばかりです。

皆様方のご厚誼に厚く御礼申し上げますとともに、ご期待に応えるべく精進致したいと存じます。

敬具

平成七年二月一七日

㈱兵庫商会　田中保三

取引先宛礼状（四月二八日）――ようやく周囲の瓦礫も片づき始め

拝啓　暖雨にうるおい百穀生《しょう》じ育つ穀雨の季節となり、野山には色とりどりの新芽が出揃い、県樹楠《くすのき》のうす緑の若葉に希望を象徴するごとく感じる今日このごろです。

さて震災百日余を経過し、社業も復元しつつあり、依願退職者一名、過労による入院者一名、そして新卒者一名を加え、懸命に努力中であります。

この間、紙一重の無常を知り、天災と人災を考え、そしてたくさんの人と出会い、仏教用語の無財の七施《しちせ》＊を肌で感じ、我が身の、心の貧しさを恥じ、人の心の温かさをしみじみと痛感させられました。また普段では学び得ないことを数多今《あまた》なお学ばせていただき、ひじょうにありがたいことと感謝致しております。

ようやく周囲の瓦礫も片づき始め広っぱが目立ちだしましたが、この区画整理地区においては仮設といえどもなかなか建ちません。権利関係も複雑に入り組み、減歩《げんぶ》＊の問題が前に出たり、行政が何とかしてくれるだろうと思惑あり、遅々として進行しません。

焼け崩れた事務所、部品部、大型倉庫、ＬＰ作業場、菅原倉庫はすべて三月中に取り毀《こわ》し、撤去、整地を完了致しました。

建てるのに数ヶ月を要するものがわずか数日で引きちぎられ音をたてて粉塵をあげ崩れゆく様《さま》は身を削られる思いでした。

今、我が社屋も部品部の跡地に仮設を建てるべく基礎工事を終えたばかりです。上・下水道、ガス、電気、電話、側溝に至るまで壊滅的破壊を受けている設備関係も数倍の時間を要し、五月末完工を目標に計画実施中であります。

これをして社員全員が人としてさらなる飛躍ができますればと希《こいねが》っております。今日ただいま復元の途に就《つ》き得ましたのも、偏《ひとえ》にあの至難の状況にあっても怯《ひる》まず、臆せずご支援下されました数々に、私を始め社員一同がどんなに支えられましたことか。そのおかげさまでございます。ほんとうにありがとうございました。

御礼旁々《かたがた》近況報告まで

敬具

平成七年四月二八日

㈱兵庫商会　田中保三　社員一同

＊無財の七施　五世紀中国の仏典『雑宝蔵経《ぞうほうぞうきょう》』に書かれた「財力や知恵がない(無財)者でも他者に以下七つの施し(七施)ができる」という教え。①眼施《げんせ》＝優しい眼差しで人を見つめる、②和顔悦色施《わげんえつしきせ》＝おだやかな笑顔、③言辞施《ごんじせ》＝やわらな言葉づかい、④身施《しんせ》＝身をもって人の手助けをする、⑤心施《しんせ》＝思いやりの気持ちで接する、⑥床座施《しょうざせ》＝座る場所を譲る、⑦房舎施《ぼうしゃせ》＝安息できる場所を提供する（参照：清水寺ウエブサイト内「無財の七施――清水寺の読み物」https://www.kiyomizudera.or.jp/read/ 無財の七施）。

＊減歩　区画整理の際、道路や公園などの公共用地を確保するために、区域内の土地所有者が持つ宅地の面積を減らすこと。

取引先宛礼状（六月一七日）――会社の成績もほぼ回復に近づいております

拝啓　春以来咲き続けていた花も一段落して六甲のやまなみも濃緑の世界に変わり、雨にぬれて美しく咲くあじさいの季節を迎えようとしています。そして、この一〇年自宅に欠かさずやって来ては子育てのために必死になって餌運《えさ》びをしていたつばめを、今年はついに見ることができず、誠に残念でさびしいことでした。

　さて、震災後ちょうど五ヶ月を経まして、会社のほうも部品部跡地に一応仮設ではありますが五月三日より社員全員で一週間をかけ延べ三九〇平米、一階部一八〇平米を部品庫、二階部一八〇平米を事務所、三階部三〇平米（当区画整理地区では二階までですが……）を更衣室として建方《たてかた》完了し、五月二一日に事務所を移転、五月二七日に倉庫移転を完了し得ることができました。一昨日やっとガスも復旧し、都市ガスでコンロを使えるようになりました。一階倉庫は少し狭いのですが、二階事務所は社員全員が打ち揃って入っており、以前に増して一体感があるのではないかと思います。

　これも偏《ひと》えに皆様方の心温まる数々のご支援のお蔭をもちまして復興を成し得たものと、深く深く感謝致しております。

　ほんとうにありがとうございました。

五ヶ月を経て焦土と化したこの長田の区画整理地域も瓦礫の残る所も僅《わず》かになり、見渡すと空地が広がっていて、ポツンポツンと仮設が建ち始めております。でも本格的なものは数年はかかるのではないでしょうか。

私ども会社の成績も各部署で凹凸はあるものの、ほぼ回復に近づいております。まだまだ成さねばならぬことは数多く残っておりますが、今まではこの震災によりましてたくさんの人に支えられたことを心に銘記し、御恩返しできるよう、真心をもって自らの力を尽くし全《まっと》うするように努めたいと思っております。

ほんとうに、いろいろとありがとうございました。

敬具

平成七年六月一七日

㈱兵庫商会　田中保三　社員一同

取引先宛礼状（一〇月三一日）――感謝すること以外の何物でもありません

拝啓　震災後、火災に遭《あ》ってもなお繁茂《はんも》して自然の力強さを見せつけ我々を励ました街路樹プラタナスの大きな葉も、このはだざわりの良いさっぱりした秋の空気を感じとったのか、少し落ち始めました。

当地におきましてもオリックスフィーバーに続きまして、この御菅《みすが》地区＊も先日は映画〝寅さん〟のワンカットシーンの撮影があり、街の活気を久し振りに見せつけ、全国の皆さまに気《き》遣《づか》ってもらっていること如実に感じとれます。また私の心の中も〝頑張ろう神戸〟から〝甘ったれるな神戸〟へと変化をみせております。

震災時には、決算までは到底来れんだろうがやるだけはやってみようと思いましたが、今は焼失した思い出ある数々の書類を追慕するいとまもなく、決算作業に必死になっております。

ここに到達でき得ましたのも、皆様方の心温まる数々のご援助のおかげと深く感謝し、ありがたく厚く御礼申し上げます。

この区画整理地区周辺も店舗や町工場は仮設でポツポツと建ち始め稼働しておりますが、世帯数の戻りでは御菅地区全体で二割弱くらいでしょう。

古い情緒ある下町の長屋が丸裸に焼け、二万円前後の家賃が、復興すれば三倍以上になると云《い》われ、とても入れる状態にない。またお年寄りは戻って来れる迄《まで》生きておれるのかと嘆かれ、大きな社会問題として渦巻いているのが現実です。また三宮ビジネス街でも取り毀《こわ》されたビルがはたして本当に再建されるのだろうかと懸念されます。

それらと接しながらも我が社も自助努力に懸命です。社員一同ともすればひるみがちな中にあって、日頃接する皆様方の熱いエールに励まされ、明日への光明を見出される幸せを感じております。

維持することさえ困難な中、決算を迎え、なんとか継続できますことは、ほんとうにありがたいことだと皆様方に感謝すること以外の何物でもありません。

ほんとうにありがとうございました。

敬具

平成七年一〇月三一日

㈱兵庫商会　田中保三　社員一同

なお、私の関係するボランティアグループのひとつ〝すたあと長田〟の特集号、小冊子を同封致します。

＊御菅《みすが》地区　神戸市長田区で南北に隣接する御蔵通《みくらどおり》と菅原通《すがはらどおり》を合わせた呼称。かつてこの地区を走っていた神戸市電尻池線（一九七〇年廃止）には、御蔵通と菅原通の境目となる交差点に「御蔵菅原」という電停があった。

「ボランティア村」誕生

わたしとボランティアグループの関わりは（「はじめに」に書いたように）二月の梅田隆司《たかし》くん（梅ちゃん）との出会いから始まった。自社の敷地にプレハブを建て、梅ちゃんたちピースボートがそこに入った。

三月四日、京大ボート部仲間の北川明に呼ばれて東京に話をしに行った。北川は東京で出版社を経営し、ピースボートの世話役（編集部注・「責任パートナー団」の一員）もしていた。まだ神戸の中心部は鉄道が寸断されており、タクシーで住吉まで行き、ＪＲ住吉駅から電車に乗った。会場で北川に久し振りに会った。北川は「ピースボートは三月で引き揚げようと思う」と言い、わたしは「まだとてもやないけど片づけへんぞ」と言った。「取引先宛礼状」にも書いたように、区画整理を始めとする神戸市との丁々発止が始まった頃だった。

わたしは、最初はピースボートだけだったプレハブに、さまざまなボランティア団体に入ってもらうといいのではないかと考えた。ボランティア同士が集まって刺激し合い、切磋琢磨してほしい気持ちがあった。地元の組織から東京からやってきたものまでいくつもの団体が出入りしたが、それぞれに方針があるようで、思ったような相互の刺激は生まれなかった。商売人の目から見ると「うまくいかんのとちゃうか」という団体もあり、いっときは賑わいを見せても、案の定うまくいかず撤退——ありていに言えば「ケツを割る」団体もあった。

春を過ぎて、ピースボートが撤収した。「ガテンチーム」のプレハブづくりは続いていたが、棟梁が「もうやめろ」と言ってきた。「三時やな」といった調子でお茶や茶菓子を要求する者が出てきたという。それを聞いてわたしはすぐにガテンチームを終わりにした。ピースボートの頃は一騎当千だった。彼らはボランティアのプライドのようなものを持っていた。絶対に要求をしないし、行った先でお茶や茶菓子を出されても拒むほどだった。それを見ていた地元の洗濯屋の息子たちが「あそこまでやってもろうたら、俺らも手伝わんわけにいけへん」と必死になって手伝っていた。それまでわたしは「地元の若い子は何してんの」と思っていたが、洗濯屋の息子たちには心に火がついたのだ。

有馬実成さんとの出会い

一九九五（平成七）年六月下旬、スレていない風体《ふうてい》の若い男女が「プレハブを貸してください」とやってきた。「SVAです」というので「SVAって何や？」と訊《き》くと「曹洞宗国際ボランティア」だという。まったくの初対面だったが、曹洞宗ならええやろう、ピースボートの横の敷地が空《あ》いとるからそこを使ってな――とＯＫした。ＳＶＡが三間《けん》×六間のプレハブを建てた直後、有馬実成《じつじょう》（当時、ＳＶＡ事務局長）さんがベレー帽を被って飛んできた。

びっくりした。見るからに病《やまい》まだ癒《い》えずという状態だった。その有馬さんに「ありがとうございました、ありがとうございました」と何度も頭を下げられた。病の身をおして長田に現れた有馬さんに、わたしは現場を知ること、行動することの大切さを学んだ。これは何かお返しをしなくてはいけないと思っているうちに、有馬さんに呼ばれて東京に行った。その頃には有馬さんの体調も少し回復していた。東京で会った有馬さんは「田中さん、今日は経団連に行こう」と言い出した。

「経団連で社会貢献担当の田代正美《まさみ》（編集部注・九一年、経団連社会貢献部の初代課長就任）さんに会って、神戸を応援してくれと直談判や」

有馬さんの行動力にも驚いたが、会った田代さんもすごかった。

「震災後に神戸に入ったが、芦屋東灘で止まってしまった。長田はまったく知らない。すまないと思っている。社会貢献の担当者として何らかのことをしたい。お約束します」

田代さんは「一五〇万円出す」と言われた。ちょうどその頃、御菅地区は区画整理計画によって西と東の二つに分けられてしまっていた。西と東で七五万円ずつ分けて使わせてもらってよろしいですか――と訊くと、田代さんはこう言った。

「西と東に一五〇万円ずつお渡しします」

いるところには人はいる――ということ、そういう人との出会いがわたし自身を変えていくということを、わたしは有馬実成さんに教えられた。

九六（平成八）年の六月、わたしは有馬さんに誘われて高山《たかやま》別院（真宗大谷派照蓮寺《しょうれんじ》、岐阜県高山市）で、二〇〇人もの人の前で震災の話をすることになった。初めてのことだったので行く前はずいぶんと躊躇したが、有馬さんに導かれて話を終えることができたとき、わたしは自信のようなものを得た。

ホテルの露天風呂につかりながら、有馬さんといろいろな話をした。有馬さんは「一〇歳から一五歳の原体験が人格形成の土壌になっている」と話された。今は時代の変化するスピードについていけず、憎しみの心が渦巻くようになった。心を落ち着かせ、相手を許し、心のやすらぎを持とう――と話された。その夜は興奮して寝つけなかったことを今でも覚えている。

弔辞――君を自慢し、また君に自慢したい

梅田くん、君と初めて出会った去年の霙《みぞれ》降る一月下旬の夜、長田区役所西側の河川敷公園で、君は続々とやってくるリュックを担いだボランティアの若者たちに見事に対応し捌《さば》いていた。

その隙間をぬってわたしをテントに招き入れ､座っていた丸椅子をわたしに譲ってかけさせ、やさしい眼、にこやかな温顔、心のこもった言葉、広い心をもって接し、その巨体から滲《にじ》み出る人柄にわたしは安堵を覚えた。奉仕し、人を助け、明るい世の中をつくり出す大きな気持ちがわたしに伝わってきた。仏教でいう無財《むざい》の七施《しちせ》とはこれか——と、年長者のわたしがこのとき君に学んだ。

そのとき以来、梅ちゃんを通してガテンチームとのプレハブづくりが始まった。

素人集団をたくみに編成し、ガレキの整地が二月一〇日から始まった。この御菅《みすが》を中心に十数棟のプレハブを建て、復興に大いにはずみをつけた。市場の復興も梅ちゃんが火をつけたといって過言ではない。御菅地区のみならず、尻池《しりいけ》、北町、御屋敷通《おやしきどおり》、灘にまで及んだ。それのみか、君が率いた二ヶ月間のガテンチームは、素人たちが長田はいうに及ばず須磨、兵庫、中央と屋根に登りブルーシートを張り、プレハブ二階建てをどんどんつくりまくった。

その間、誰ひとりとして怪我もなくやってこれたなんてほんとうに奇跡です。ここに君の大胆にして細心、思い切った判断と、如何《いか》に急を要するときにでも思慮深く、沈着で機敏に対処した成果が遺憾なく発揮されている。

君が神戸で残していったものは莫大《ばくだい》なものだ。

四月以降ピースボートが撤退してからも君は何度となく神戸に来たね。そしてわたしも語り合った。この地の将来を気にかけ、自分の手がけたことに終わりのないことを自覚しかけていたように思えたのに……。その都度君を伴ってプレハブ巡りをするのがわたしの喜びであった。住民の少ない中、プレハブで商売をしている方々が懸命に努力されて成果を上げていることを君に対して自慢したいのと、その一方で彼らに、他者の痛みや悲しみ、苦しみを自分のものとして感じられる梅ちゃんの豊かでやさしい心根に触れてもらい、勇気づけたかったのです。君を自慢し、また君に自慢したい。このまちの人々のことを、もはや君は聞いてくれない。お互い理解しあえる共通項をたくさん持ったツーカーの仲だったのに……。なぜ君はそんなに急いだのだ。

このまちで君はたくさんのことを学び身につけた。そして、それらを集まってくれた若者たちに教え、伝えるという大きな仕事を残して……。

君の行為は震災直後の殺伐《さつばつ》たるなかで、ひじょうにたくさんの人の命を救い、人を助けた。風呂もない、水もない、吹きさらしの河原のテント生活の中で、君やジュニア*は連日連夜一五〇人を超す若者を右に左に采配した。その活躍ぶりはこの地では今もなお語り草になっている。今後もピースボート、「デイリーニーズ*」と共に語り継がれていくだろう。長田の地は決して君を忘れない。

わたしの心の中には、にこやかに笑みをたたえ、やや口をとんがらせて語る六尺二二貫目*の偉丈夫の君が、いつまでもいつまでも生きている。

田中保三

（『「ガッツ」梅田隆司追悼集』［ピースポート発行／一九九六年］への著者寄稿を一部改稿）

*ジュニア　梅田さんと一緒に被災地に入ったピースボートのメンバー、山本隆さんの愛称。
*「デイリーニーズ」　被災直後の一月二五日からピースボートが長田で印刷・発行した生活情報紙。
*六尺二二貫目　身長一八一センチメートル、体重八二・五キログラム

梅田隆司さんは阪神・淡路大震災翌年の一九九六（平成八）年八月二六日、交通事故で逝去。享年二九。

御蔵北公園の慰霊碑（一部分）

第五章　「復興」

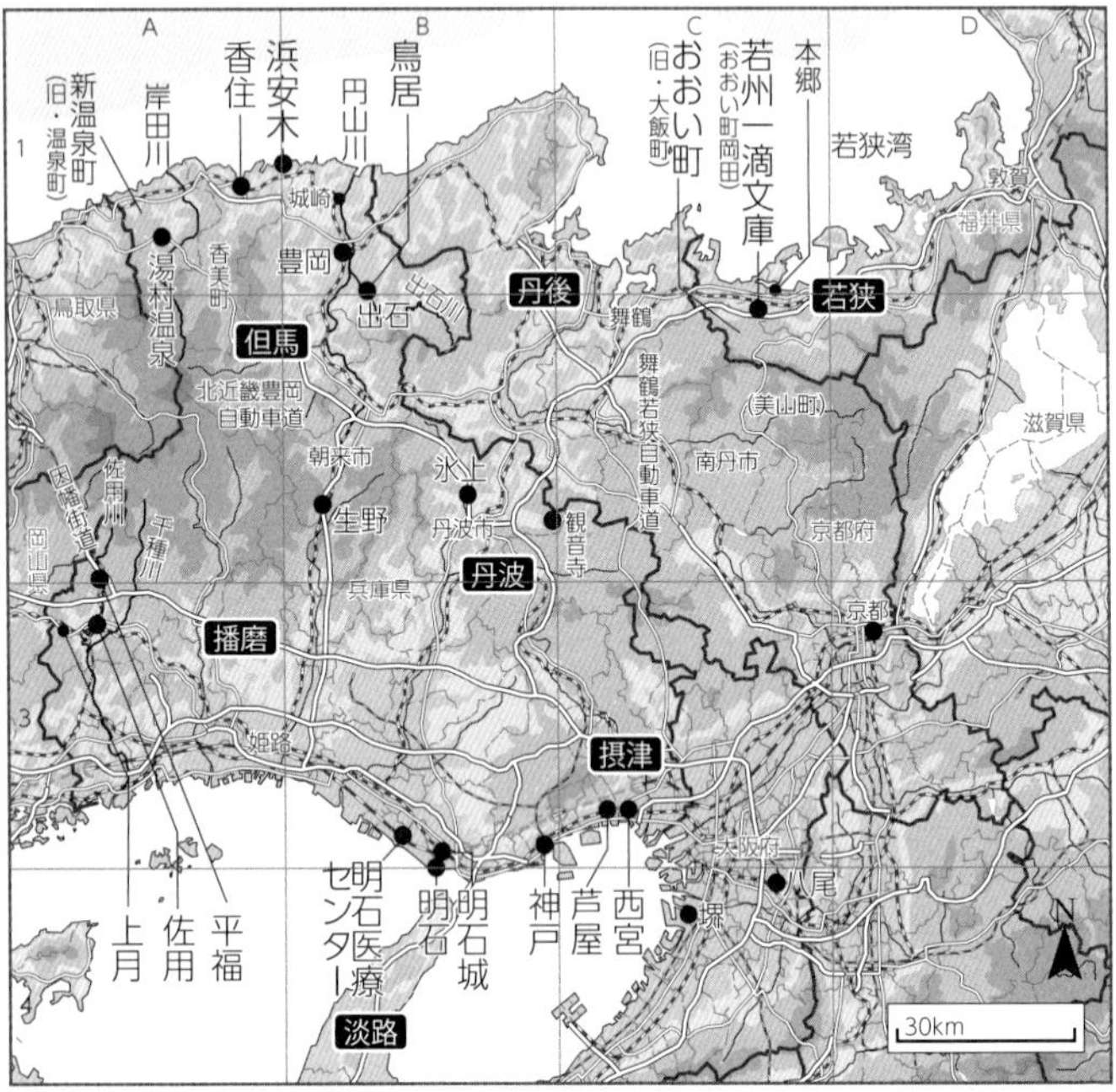

図5-1：兵庫県(但馬、播磨、丹波、摂津、淡路)、京都府(丹後)、福井県(若狭)略図

町づくり協議会発足

　発災から一五日後の一九九五（平成七）年二月一日、御蔵通五・六丁目地区に対し神戸市から の「建築制限区域」告示が行われた。建築基準法第八十四条にはこう書かれている。

《（被災市街地における建築制限）特定行政庁は、市街地に災害のあつた場合において都市計画又は土地区画整理法による土地区画整理事業のため必要があると認めるときは、区域を指定し、災害が発生した日から一月以内の期間を限り、その区域内における建築物の建築を制限し、又は禁止することができる》。

　御蔵の住民は、自分の土地であっても自由にすまいを建てることができなくなった。

　一六日後の二月一六日には「建築制限区域の期間延長」が告示され、延長期限ぎりぎりの三月一七日に、神戸市は「震災復興土地区画整理事業」一一地区の都市計画決定を公示。発災から二ヶ月、瓦礫もまだ片づいていない状態で（御蔵の瓦礫がすべて撤去されたのは五月の上旬だった）、御蔵五・六丁目地区も指定区域になった。

　この事態を前に、御蔵では三月上旬から住民の集まりが行われていた。わたしも参加し「応急仮設住宅を、郊外ではなく被災市街地内に」と叫んだ記憶がある。焼け出された御蔵の住民が遠い仮設住宅に移らされることで、人のつながりが絶たれることを恐れた（だが、仮設は西区や北区の郊外に建てられた)。
四月二三日、四回目の住民の集いの席で御蔵通五・六丁目地区の新自治会執行部が発足した。それまでも自治会は存在していたが、役員全員が被災者で高齢者、遠くに避難している人もあり、旧自治会は機能しなくなっていた。なのに神戸市は区画整理の話をどんどん進めていく。住民側の代表組織として新自治会を発足させたのだが、神戸市は「区画整理事業に関しては自治会(借家住まいも含めたすべての住民の組織)ではなく『まちづくり協議会(事業の対象となる五丁目と六丁目の不在地主も含めた地権者)』だけを交渉窓口とする」と強い意向を示した。住民の集いの席は、急遽「まちづくり協議会」設立のための住民総会に移行し、「御蔵通五・六丁目町づくり協議会」*(まち協)が突如成立することになった。

*編集部注・本書では固有名詞の「御蔵通五・六丁目町づくり協議会」は〝町〟表記(略称の「まち協」は〝まち〟表記)を採り、一般名詞としての「まちづくり」は多く用いられるかな表記を採る。

四月二七日、まち協の最初の役員会が開催され、わたしは気づくと相談役にされていた。まち協役員会はほぼ毎週会合を重ねていたが、地権者の中には御蔵に住んでいない「不在地主」もいたし、住民も前述のとおり遠くの仮設に散り散りに暮らすようになっており、それぞれの意向を知ることはたいへんな作業となった。また、まち協役員会の会合も、きちんと議事録を取ることができずにいた。

わたしは若者たちに支援を求めた。ピースボートは春に撤収していたが、そのあともフリーのボランティアとして御蔵に残っていた小野幸一郎くんと、ＳＶＡの浅野幸子《さちこ》さんに、まち協の支援に入ってもらうことにした。小野くんと浅野さんには、役員会の議事録づくり、遠くの仮設に暮らす住民へのアンケートや聞き取り調査、他のまち協の動静調査、発災直後から御蔵に関わってきた建築分野などの学者先生やまちづくりコンサルタントからの情報収集と整理に動いてもらった。この支援チームは、翌九六（平成八）年四月に「阪神・淡路大震災まち支援グループまち・コミュニケーション事務局」（代表・小野幸一郎）となり、わたしはその顧問となる。

「まち・コミュニケーション」は、九七（平成九）年七月から通信紙「まち・コミ」の発行を始め、わたしは九月号から「焼け跡のくすぶり」と題したエッセイを寄稿するようになった。寄稿は「神戸　苦悩と希望」（九九年四・五月合併号～二〇〇〇年三月号、全九回）、「神戸の苦悩と希望」（二〇〇〇年四月号～〇一年三月号、全一二回）、「今後も行動するまち・コミであれ」（二〇〇一年四月特別号）、「大地のつぶやき」（二〇〇一年五月～）と改題しつつ今日まで続いている。四半世紀近く書き続けたエッセイは、そのまま御蔵――被災したまちに何が起きるのかの記録でもある。以下は寄稿エッセイ（ボランティア組織「A-yan Tokyo」発行の『震災が残したもの』に収録されたわたしのインタビュー記事を再構成したものも含む）から抜粋し、書籍化に際し改稿したものである。

震災一〇〇〇日を前にして

今、わたしが一日の大半を過ごす長田区御菅《みすが》地区では、区画整理にかかったが故《ゆえ》になかなか住民が元に戻ってこられず、更地が広がる虫食い状態が続いている。わたしたち住民はここで多くのボランティアの皆さんと全国の支援を受けながら、二度にわたる慰霊祭や花まつり、夏祭りなどをさせていただいた。そのときはにぎやかなのだが、終わってしまうとしーんとして、瓦礫《がれき》は片づいたが主のいない廃虚のまちの様相になってしまう。

現在必死になってまちの再生に努めているが、行政となかなか嚙《か》み合わない。土地の権利関係の錯綜と、行政の持っている情報が開示・説明されないいらだたしさ。住民は唯一行政に優れる「人間関係」においてのみ活路を見いださねばならないもどかしさ。それもともすればこの長い空白と時間差による微妙な感情の変化に飲み込まれそうになるが、これらを乗り越えてわたしたちは共同化住宅*の模索をしている。建築専門の先生にも、ほんとうに辛抱強く正義感のみで我々のまちのために尽くしていただいている。さまざまな背景を持った家族同士が共に住まう共同化住宅をつくっていく作業は、どこかで「個」が前に出過ぎると、ガラス細工のようにすぐ壊れてしまうだろう。行政が支えるでもなく、ともすればそれが住民側から見れば障害にさえなる。なんと困難なことに立ち向かっているのだろうかと思うことの連続である。

でも「この共同化住宅が御菅の、長田のともし火になれば、否、住民の方々の希望と夢を実現させることになれば」の一念あるのみだ。（「まち・コミ」一九九七年九月号）

＊共同化住宅　復興再建共同化住宅。区画整理事業対象地区内の狭小宅地所有者が組合をつくり、地区内に点在する土地をひとつに集めて建てる集合住宅。従前の敷地で戸建てを自力再建することが難しい高齢の狭小宅地所有者も組合に参加することで住居を得る可能性が高まる。組合員が持つ土地の権利を集め、デベロッパー（住宅・都市整備公団など）に一旦譲渡し、デベロッパーが建設した共同化住宅の権利床（住居）を元の土地との等価交換で手に入れ、保留床（一〇一ページ参照）の売却益を建設費に充てる方法が一般的。建設費の一部には行政側からの補助金が出るが、期限などの制限がある。

共同化住宅の苦悩

一昨年四月、近畿大学小島孜《つとむ》教授（建築学）の共同化住宅案に出合い、狭小宅地における利用法として、そして下町の良さを生かしたまちづくりとして、これが有効な策と確信した。それより一年九ヶ月の間、武田則明《のりあき》先生（建築家）も加わり、他地域の共同化住宅見学、ヒアリング、ワークショップ、住都公団（住宅・都市整備公団。現・独立行政法人都市再生機構）や神戸市都市計画局との打ち合わせ、地主と借地権者間の問題解決を重ね、今年一月には復興再建共同化住宅建設組合設立に至った。

だが二月に入って、住都公団から分譲撤退の意向を聞かされる。民間デベロッパーをと大阪まで行くも、それも叶わず。夢のある囲い込み案（中庭のある建物）を縮小、変更せざるを得なくなる。

一昨日、西神南《せいしんみなみ》に行って驚いた。大規模住宅（中高層群）がどんどんできつつある。これ以外にも周辺新興開発地には、このように公営住宅、民営住宅が建設中であろうことは想像がつく。さらに兵庫駅南のキャナルタウン、ＪＲ鷹取《たかとり》工場跡地、六甲道《ろっこうみち》南の再開発、旧市街地の東西副都心など、巨大なものが建設中及び計画中である。これらと区画整理地区内のまちづくりは、いったい整合性があるのだろうか。

御蔵のまちの一五年、二〇年先を見、親子孫三世代同居、そして集《つど》える場を持った住宅をと夢を描いてきたが、縮小して目先のことのみを選択せざるを得ない状況。迫り来る補助金の期限、早く安住の家を得たいという時間との闘い。この二年半、現実の厳しさをつぶさに見せつけられた。一方で、共同化組合員の顔を思い浮かべ、大丈夫だと念じ、住都公団・神戸市都市計画局の人たちの思慮それぞれを理解しようとしているのだが、いかんせん経済状態が誠にもって悪化している。

そんなとき、これらの郊外団地、副都心、再開発等の都市計画、住宅計画はほんとうにこれでいいのだろうか。今一度、振り返る勇気もいるのではないだろうか。

子曰《しいわく》――過則勿憚改（過《あやま》ちては則《すなわ》ち改《あらた》むるに憚《はばか》ること勿《な》かれ――『論語』学而第一）

（「まち・コミ」一九九八年三月号）

さわやかな男を見た

三月に入って、ボランティアグループのプレハブ事務所五棟が、すべて撤去に入った。共同化住宅再建に伴い、兵庫商会本社跡地を中心に仮換地《かりかんち》指定*してもらうため明け渡しとなったからだ。神戸市都市計画局と交渉を重ね、その好意で、移転先として公園予定地に一棟ぶんだけ許可を得、ボランティア五団体が入ることに決定した。

＊仮換地指定　土地区画整理事業によって区画変更前の宅地（従前の宅地）から区画変更後の新しい宅地へと土地所有権が変更されることを「換地」と呼ぶ。換地の時期は土地区画整理事業全域の工事が完了した時点とするのが原則だが、工期は長期間となることが多く、工事が先に完成した地区での土地の利用を認めるためのしくみが「仮換地」。

さて、三年間使い込んでねじれたこのプレハブを、どうやって移動させるのか。いったんバラして二〇～四〇メートルを小運搬して移築するとなると、骨組みの鉄骨はいいとしても、屋根材、壁材、内装材は相当の補修、補強をせねばならぬ。傷《いた》みは最もひどいが内装の少ないいちばん古いピースボートのものを選んで、工期の短縮を狙い、曳《ひ》き家《や》で移動する方法を選んだ。

そこで出会った大阪八尾《やお》の西澤組、西澤登美雄棟梁。その人格、識見に惚《ほ》れ込んでしまった。今どき「職人」といわれる人は少なくなったと思っていたが、彼の挙措《きょそ》、大胆にして細心を持ち合わせ、背中で一〇メートル余りの尺角《しゃっかく》（注・一尺四方の角材）を担ぎ上げ、引きずるさまに圧倒された。また、ウィンチで牽引し始めると、四点支持のレールの上のコロを素速く巡回して段取り替えをし、さらにレベル（注・水平を測る工具）を見ながら枕木を組み重ねる。眼光鋭く、一点のミスも見逃すまいと、こまねずみのごとく動きながら徐々に曳く。終わってから、無口に見えた彼の口から「明石城の櫓《やぐら》のように硬いものより、プレハブのように軟らかいもののほうがやりにくいんです」と言われた。ここに職人の誇り、気概、そして恥の文化を見たような気がした。この熟達の師は、いとも簡単に誰にでもできそうに見せたが、それに到るまでには、あらゆる事象に備え、危険や変化の予兆を見極め、細心の目配り、気配り、心配りがあったことを忘れてはならない。

最後に棟梁、ポツリとひとこと。「この震災で、今では手に入り難《にく》い貴重な、まだ息づいている木材をたくさん廃材にしてしまった。残念でならない」と。（「まち・コミ」九八年四月号）

描いては消しが二〇回

復興再建共同化住宅建設組合ができてもうすぐ一年。

いろいろなことがあったが、保留床《ほりゆうしょう》*を捨て、自分たちだけのものという意思統一をして、それぞれが注文建築のように意見を出し合い、図面を描いては消しが二〇回にも及んだ。みんなが思い思いに知恵を出し合い、武田則明《のりあき》先生、中江研一さん（神戸大学大学院、元・武田設計所員）、まち・コミュニケーションの藤川幸宏くん（一級建築士）とも煮詰め合って、来年早々の地鎮祭へとこぎ着けた。

*保留床　元の地権者が土地を、デベロッパー（事業者）が資金を出して市街地再開発事業で建物をつくる際、元の地権者に与えられる敷地や建物の区画が「権利床」、それ以外の部分が「保留床」。デベロッパーは資金に見合う広さの「保留床」を権利として得る。たとえば建物の上層階に地権者が権利床を用いて住居を設け、デベロッパーは保留床として得た一階で（商業テナント等の）賃貸事業を行う。

埋蔵文化財調査では、九〇〇年前の田んぼの跡があったり、二〇〇〇年前の井戸があったり、柱跡があったりと、古くからこの地に人々が住んでいた形跡を見た。人骨も見られた。この地こそ人々が生活できるところであった証であろう。

二一世紀が経済至上主義から人間尊重、環境重視の世紀へと変わるのならば、わずか一二世帯ながら集会所を持ち、そこを基点に育児、子育て、そして介護の仕組みづくりができないか。そうした社会環境をつくり出す草の根になり得ないか。

さらに、雨水を一時プールして水洗トイレ、水撒《ま》きに使用できないか。井戸と併用し水質が良ければ風呂、洗濯にはどうか。水資源も有限である。都市化が進み、道路はすべてアスファルトで固められ、地下に水が浸透しなくなった。ならば側溝にひと工夫できないか。ごみも分別収集して生ごみを肥料化し、それを自然に戻せないか。またコストは高いがソーラーは無理か、等々。我々でやれるところから手をつけようと考えている。

官に頼りきる時代は終わった。民自らが動かなくては、汗をかかなくてはいけない。もう役所がただでしてくれる時代は終わっている。自分が動いて、みんなが動いて、世の中の仕組みを変えていかなくては、永続可能な地球の明日はない。（「まち・コミ」九八年一二月号）

仮設の撤去と受け皿住宅

今、私が住む須磨ニュータウンでは仮設住宅群の撤去が始まっている。竜《りゅう》が丘公園にあった仮設竜が台第二住宅（五六戸）はすでに撤去を終え、あらかた元のグラウンドになっている。

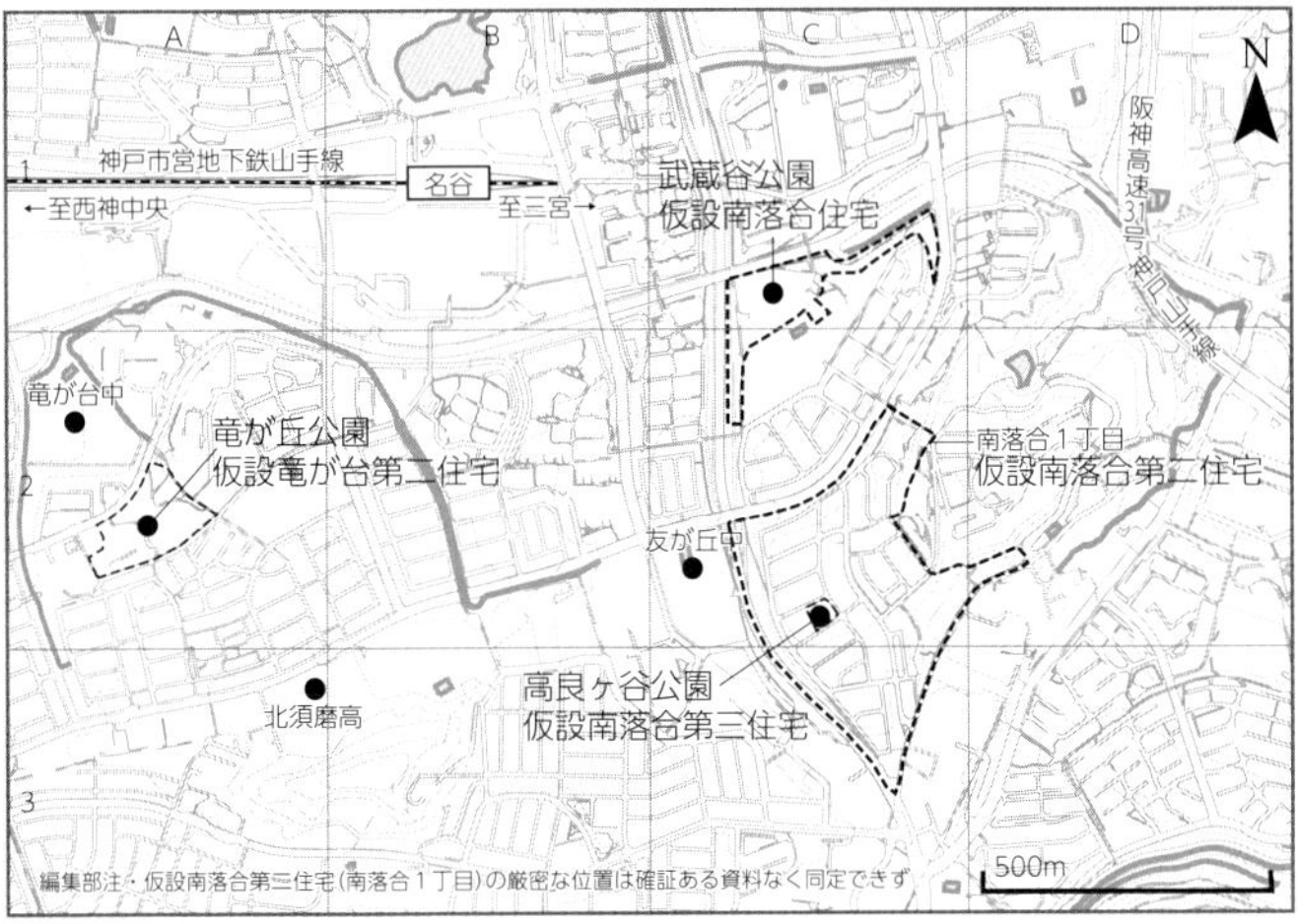

図5-2：須磨区の仮設住宅（一部。国土地理院地図を編集部にて加工）

ここは犬を連れての散歩道で、割合しっかりした仮設だった。犬は広くなった公園を思い出したのか、さかんに引っ張るのだが、私のほうがどうも入っていけない。別に地霊《ちれい》のようなものを感じているのではないが。

また、ミニコミ誌を配って歩いた仮設南落合第二住宅の七戸、高良ヶ谷《たからがや》公園にあった仮設南落合第三住宅の一二戸も早くに撤去が済み、武《む》蔵谷《さしたに》公園の仮設南落合住宅七〇戸が近々撤去にかかるという。この広い武蔵谷公園にも入って遊べるまで心情的に時間がかかりそうだ。

一方、当地長田区御蔵通五丁目には通称受け皿住宅*が二棟。御菅《みすが》第三住宅（一一階建て六六戸）がすでに完成し入居が始まっている。この棟から幹線道路を南へ一〇〇メートルあまりのところに完成間近の御菅第二住宅（一〇階建て二七戸）

がある。この両棟は地元住民の熱望もあって建設された。当初はこれでもまだ足りないと思っていたが、ふたを開けると御菅東西両地区の優先入居が第三住宅で二五戸、第二住宅で七戸のみ。当初の思惑が大きく外れた。残りは一般公募になる。

＊受け皿住宅　正式名称「従前居住者用賃貸住宅」。市街地再開発事業やマンションの建替えなどにより住む家がなくなる借家人に提供される賃貸住宅。すなわち「以前、そこに住んでいた人の受け皿となる住宅」。御菅地区には住都公団が住宅市街地整備総合支援事業に基づき三棟（総計一〇八戸）の受け皿住宅を建てた。

仮設の期限に伴い去年の春頃から加速度的に始まった復興公営住宅への入居勧奨によって、あれほど地元に帰りたいと強く望んでいた仮設住まいの人たちも、仮設住人がどんどん減少して隣近所が空き家になるとさびしくも怖くもなり、焦燥感で大方は仮設近辺の復興公営住宅へ移っていった。その頃はまだ御蔵のこの二棟の姿、形が見えず、もう待てなくなっていた。仮設を出るときは、仮設で仲良くなった人たち二、三人一緒になって行く人もあれば、ただひとりで出ていく人もある。

地元優先枠でこの二棟に入居が決まった方々の中に、仮設から直接入居される方が思いのほか少ない。この地で自力仮設を建て暮らしていたか、近くに家や部屋を借りて住んでいた方が多い。当初から声を大にして「仮設を郊外ではなく被災市街地に」と叫んでいた結果がこれだとは、あまりにも空《むな》しい。時の流れというものが大きく状況を変え、かつ人の心をも変える。教訓にしては身を切り刻まれるほど応えた。（「まち・コミ」九九年九月号）

彼がもう二年いてくれたら

震災以来、神戸で大活躍を続けてきた小野幸一郎くんが、昨春の浅野幸子《さちこ》さんに引き続きこの三月末で離神*する。思えば震災の秋より、町づくり協議会の中に入って書記役を兼ねた彼と彼女は、どうしても対立構図に陥りがちな住民と都市計画当局、コンサルタントの間に入り、ずいぶんと緩衝材の役割を果たしてくれた。ときには町づくり協議会の機関誌「ひこばえ」の構成を考え、文字を大きく見やすいものにし、アンケートの質問をわかりやすい文言に変え、役員の石頭をほぐした。

また、再三にわたるワークショップで千葉大・延藤安弘先生や、近畿大・小島孜《つとむ》先生、早稲田大・浦野正樹先生、専修大・大矢根淳《じゅん》先生、地元の武田則明《のりあき》先生、宮西悠司先生を引っ張り出して、「まちづくり」を住民にわかりやすく、関心の持てる身近なものにした。「換地《かんち》」や「減歩《げんぶ》」さえ知らなかった住民が、生活者の感覚を欠く道路公園の図面をいきなり見せられ戸惑うばかりの中で、小野くんたちが立ち上げたまち・コミュニケーションの動きは、決して無視できない。彼らはその延長線上で復興再建共同化住宅建設組合の事務局を務め、去年の暮れにできあがった共同化住宅「みくら5」は、このまちの金字塔として輝いている。

追悼慰霊祭は今に至るまで続いているし、河内音頭の盆踊りも毎年の行事として根づいている。外部に向けた「月刊まち・コミ」の発行はもちろん、六回を数えた「御蔵学校*」、神戸と東京で交互に開催する勉強会「都市の流儀」は共に語り、学び、震災があぶり出した既成都市の再生、都市型社会のあり方を模索、発信し続ける。

まち・コミは、震災の秋に彼の口から出た「仮設も大事やけど、まちに人間の生活が戻らんと仮設もなくならん」と言った言葉が原点になっている。

どれほどこのまち・コミが、今もなお地域の人々に愛されていることか。また、この五年間に人間小野幸一郎も諸先輩に鍛えられ大きく成長した。彼がもう二年このまちにいてくれたら、一緒に走り回ってでも、もうひとつ共同化住宅を成功させてみせる自信はあるのだが……。（「まち・コミ」二〇〇〇年三月号）

*離神　神戸を離れること。まち・コミュニケーション創設以来代表を務めてきた小野さんの離神後は、二〇〇〇年三月からまち・コミに参加していた宮定章《みやさだあきら》さん（参加時は大阪大学大学院工学研究科建築工学専攻の大学院生）が〇一年四月、代表に就任、現在に至る。

＊御蔵学校 まち・コミュニケーションが主催する学習会。主に防災やまちづくりをテーマとする。講師は御蔵の地域住民自身、外部の有識者、他地域の被災者など。一九九七年八月に始まり現在も続いている。

そんな決め方は反対だ

御蔵では今、公園をつくろうとしている。更地に白線を引き、「ベンチはここがいい」「あの木はいらんのとちゃうか」といろんな意見を大勢で出す公園をつくるためのワークショップを続けている。これが人と人とのつながりになるんじゃないかとわたしは思っている。「あの人こんな考えしとるな」と他の人の意見を聞くだけでもプラスになる。

御蔵の区画整理が始まったとき、「ほんとうにこれでええのか」と思った。広い道路が防災上必要という話だったが、狭くても、消火栓が要所要所にあってホースをつなげば火事も防げるのではないか。さらにいえば、防災にはまちの形よりも人間関係が大切なのではないか。

人間は、目の前に溺れた人がいたら助ける。火事が起きてもそうだろう。何がなんでも消防車が入れる道路をつくらなければいけないのか——という疑問がわたしにはある。

コミュニティ道路＊をこしらえるのであれば、道路沿いに住んでいる人みんなに出てきて話し合ってもらいたい。行政の人間は「住民が話し合っても決まらないから、町づくり協議会の中だけで決めよう」と言ったりもするが、わたしはそんな決め方は反対だ。

＊コミュニティ道路　人が安全に歩ける道路。歩道を広く取り、車道を部分的に狭くするなどして自動車の速度を落とす仕様が多い。区画整理時、それまでの狭い路地（生活道路）を広い道路につくり変える際に行政側がこの呼称を用いることが多い。

今夜もまちの会合がある。甲論乙駁《こうろんおつばく》になるだろう。だが、そういう討論の場がなければ良いものはできないと思う。住民同士で知恵を出し合う。そういうやってできたまちが、しっかりしたまちになっていく。お互いに意見を出せば、たとえ喧嘩になってもわかってくれる人がいる。本気で訴えたらわかってくれる。半分腰引いて言うようでは駄目なのだ。肚《はら》をくくって話せば、理解してくれる人は必ずいる。そうして生まれた関係が、災害にも強い、絆の強いまちをつくっていくのではないだろうか。

この間の御蔵学校で、参加した人たちに御蔵を歩いてもらった。暑い中、銀行の元支店長も、汗でベタベタになって一緒に歩いてくれた。頭の中だけで汗をかくのではなく、体で汗をかく。参加者の中には、まちづくりコンサルタントを仕事としている人もいた。その人たちは、御蔵のことを話で聞いて頭ではわかっているつもりだったのだろうが、実際にまちを歩いてみて、「これだけ更地があるのか」とびっくりしたようだった。自分たちが進めているまち

づくりのやり方がはたしていいのかということも、あらためて考えたようだった。（「まち・コミ」二〇〇〇年九月号）

皆でこしらえる慰霊塔

御蔵通五・六丁目町づくり協議会では、どこにもない心のこもった慰霊塔を一〇〇〇平米の北公園の一角にこしらえようとかねてより企画し、武田則明《のりあき》先生（共同化住宅みくら5設計者）に依頼していた。ようやく今月半ば整地作業に入り、住民の方々とまち・コミュニケーションのボランティアによる共同作業が始まった。

一辺二・三メートルの立方体で、天板のコールテン鋼に光が入るように一二〇個余りの孔《あな》を開け、底面の黒御影石《くろみかげいし》に描く当地区の地図の上に投影する。天板の孔開けは地元の鉄工所に依頼した。底面黒御影の地図の下には、位牌や地元の皆さんが書いた写経などを納めるタイムカプセルがあり、これも地元ステンレス加工屋さんの手づくりである。塔の正面「鎮魂」の文字は、神戸をよく理解されておられる今年一〇〇歳の永平寺貫主・宮崎奕保《えきほ》老禅師様に書いていただいた。これはまちの誇りとしたい。

地域はいまだ震災前の半分くらいの人口だが、新しい人たちも加わり何らかの行事で行き交《か》い、助け合える場づくりが必要だ。モニュメント（慰霊塔をこう呼ぶ）の工事も地域住民と建設会社が一体となってつくりあげる。「心を込める」「思いを入れる」とはこういうことで、コンクリート打設から表面撥水《はっすい》処理に至るまで地域の人たちの参加を願い、これはわたしたちの手でつくったものという実感を体得してほしいと思う。

先頃のコミュニティ道路の計画も、沿道に住む人たちが主体となって議論を戦わせ案ができあがった。この経緯も厳しいものがあったが、当地区の特徴を考えれば常識的なものだろう。公園についても住民の意見を集約し、現場でワークショップを持ち図面ができあがった。こうして住民の人たちが我がまちの個性に目覚めて動きだすことに意味がある。ゆっくり、そして確実に住民の皆さんが輝いてほしい。（「まち・コミ」二〇〇〇年一二月号）

続けるにしても金は要る

今は助成金*をもらってまち・コミュニケーション（まち・コミ）を運営しているが、いつまでも続くものではないだろう。何らかの収入源が必要になる。まち・コミでは、用済みになった事業用仮設*を市に払い下げてもらい、それを使った賃貸事業をできないかと考えている。一階を店舗として、二階は低家賃の住宅として貸し出す。その収益で、ＮＰＯ法人なり有限会社を運営することはできないだろうか。ボランティアを続けるにしても金は要る。家賃収入が形としていちばんわかりやすい収入源になりそうな気がする。

＊助成金　震災復興関連の助成は大別して行政（兵庫県や神戸市など）によるものと民間（日本財団、全国社会福祉協議会など）によるものがある。行政によるものは区画整理完了等の節目を境に終了するものも多く、民間の助成は基金の原資となる寄付が集まらずに縮小する例もあり、いずれも毎年安定して見込めるものではない。
＊事業用仮設　まちづくり事業が行われる区域内で、そのまちづくり事業に伴い建設される仮設住宅。対象は「事業区域内の住民」。まちづくり事業完了までの間、住むことができる。災害救助法が適用された震災で住居を失った「被災者全般」を対象として供与される「応急仮設住宅」とは異なる。御菅地区では、発災から三年後の一九九八年一月に事業用仮設が開設された。

だが、建物を建てるところから始める力まではない。ならば、仮設を払い下げてもらうところから始めてもいいのではないだろうか。ただ、これはあくまでまだわたしの頭の中で考えている段階だ。市が事業用仮設を払い下げてくれるかどうかもわからない。

賃貸事業がうまくいったときは、まち・コミで建物を建てたいという遠大な夢もある。それはわたしの代では無理だろう。だが、神戸市が復興公営住宅を建てるのではなく、ＮＰＯが安く低層住宅を建てて提供をしていくという仕事をしてもいいのではないだろうか。

昔、田舎で家を建てるときには、近所の人が集まって大工の棟梁のもとに皆で建てた。「結《ゆ》い」と呼ばれる労働提供だ。だから家を建てるコストが安かった。今は建設の作業が細分化され、価格がものすごく高くなってしまっている。変なところに行くコストをカットしていけば、六割か七割で建てることはできるのではないか。設計は定年を過ぎて年金をもらっているような一級建築士たちを雇う。月一五万円くらいで協力してくれれば充分だ。わたしたちのやりたいことをちゃんと話せば、心意気に感じて協力してくれる人はいるだろう。

まずは仮設を払い下げてもらうことだ。そこで収益を上げようと思えば、会計に詳しい人も要る。今のままではざるに水を入れているようなものだからだ。

今、御蔵通五・六丁目町づくり協議会（まち協）では、別の場所に移り住んでしまった人も探し、震災前からここの地域に住んでいた人たちに震災後の生活を聞かせてもらい「復興誌」をつくろうとしている。まち協はあくまでも区画整理のための組織であり、事業を行うものではない。わたしは、この復興誌製作をまち・コミで請け負いたいと思っている。どれほどの利益になるかはわからないが、復興誌をつくることで人との関わりが派生する。何よりも、ここに住んでいた人全員の記録を残しておかなければいけないとも思う。

このたび、震災から休会していた御蔵通五・六・七丁目自治会が再発足することとなった。「まち協」は区画整理にかかった場所だけしか関わっておらず、五・六丁目だけの集まりだ。自治会は五・六・七丁目の集まりとなる。「まち協」は都市計画の専門分野に取り組み、自治会はたとえばごみの分別収集の徹底といった地域全体の自治に取り組むことになるが、わたしはこれからは七丁目の人にも「まち協」に来てもらおうと考えている。このまちの公園は五・六丁目だけのものではない。

復興誌づくりは、まち協の最後の仕事になるだろう。現在、九〇パーセントまで済んだ仮換地が一〇〇パーセントになれば、まち協の役目はほぼ終わる。そこから先は自治会にバトンタッチしてもいい。ただ悩ましいのは、「行政に対して、自治会よりもまち協のほうが強い発言力を持つ部分がある。まち協は残しておいたほうがいい」という専門家の話もあることだ。

今、御蔵に自治会館を建設するという話が出ている。これは本来は自治会の活動だが、まち協が関わることで復興基金*から補助金が出る。先日、自治会館に使おうと考えている古民家を見に行った。お寺の本堂だった萱葺《かやぶ》きの良い古民家だ。これを解体して御蔵に移築し、自治会館として使えないかとわたしは考えている。この辺《あた》りには萱葺きの家はもうない。古民家を移設すれば、じいちゃんばあちゃんが喜ぶだろう。この構想には夢がある。（二〇〇一年九月、「震災が残したもの7」〇二年一月刊）

＊復興基金　公益財団法人阪神・淡路大震災復興基金。一九九五年四月、兵庫県と神戸市の出捐《しゅつえん》および貸付金（総額九〇〇〇億円）により設立。被災約一四万七〇〇〇世帯に最大一二〇万円の生活資金を支給する「被災者自立支援金」など一一六の震災復興関連事業に活用された。二〇二一年五月に解散。

地域の人たちで仕上げた公園

去る一月一三日に一〇〇〇平米ある「御蔵北公園」の完成を祝い、地域の人々と神戸市関係者が集って、餅つきをし、ぜんざいを振舞い、子供たち二七名が綱を引きくす玉を割って盛大に公園開きをした。こんなにたくさんの子供たちが祝ってくれたことがとてもうれしかった。

この公園は設計の段階から住民の意見を集め、ああでもない、こうでもないと言い合い、震災後にひょうごグリーンネットワーク＊からいただいて育てていたハクモクレン、天草からのしだれ桜や苗木、山形県西置賜《にしおきたま》郡白鷹町《しらたかまち》の蔵高院《ぞうこういん》・三浦信英《しんえい》老師から贈られたエドヒガン桜、佐用町からのドウダンツツジ――この地とご縁のできた方々の善意、その生きた証としての木々を、この公園に根づかせた。

＊ひょうごグリーンネットワーク　建築家の安藤忠雄らが呼びかけ人となった被災地への植樹事業。一九九六年三月からの一〇年間で兵庫県下に約三〇万五〇〇〇本の植樹を行った。

我々の子供の頃の遊び場は狭い路地であり、原っぱであり、神社やお寺の境内であった。公園で遊んだ記憶はない。公園的なものを求めるなら学校の運動場だろうか。この地にも、春には桜の花咲く四〇〇平米の御蔵公園が、今は事業用仮設の建つ地にあった。果たしていつごろできたのかと尋ね回ると一九五九（昭和三四）年だという。

御蔵北公園は住民がその一部を施工し、三世代が使え、地域の共有地として愛着を持てる公園づくりを目指した。コンクリート打ち、焼け跡から出たレンガを使っての舗装、足踏み健歩道、三五〇平米の芝張りを、汗をかきワイワイガヤガヤ言いながら地域の人たちの手で仕上げた。こうやってつくったことで、公園の使い勝手の悪いところは役所任せではなく、自分たちの手で修正していこうという意識が醸成されていくだろう。そこに住んでいる人たちが自分たちで決めごとを行い、責任を行使する権利を有すると同時に、義務も負い自主管理する。

御蔵北公園が住民参加のまちづくりのよりどころとなり、誰のものでもないがみんなのものという「公共」の意識をおのずと育てる。快適な都市空間のあり方をここに追い求めたいと思っている。（「まち・コミ」二〇〇二年二月号）

空振りに終わった直訴

当地に事業用仮設が九棟ある。その中の一棟（九・四メートル×七・四五メートル、一階店舗、二階住宅各二戸）は、当社敷地と四メートル道路を挟んで隣にあった。事業用仮設の回転率は三割に満たないが、応急仮設と違って堅固なもので、これをこのまちに払い下げてほしいと神戸市助役に直訴した。その後、都市計画局の担当課長がどこに置き、どう使うのかを尋ねに来た。わたしは「解体して移築するにはあまりに費用がかかるので、曳《ひ》き家《や》でないとペイしない」と答え、この一棟はわずかの距離を曳《ひ》いて当社使用地に持ってきて、震災で住宅を焼失し受け皿住宅に入居したため商売をしたくてもできなくなった人たちに一階の店舗で商売をしてもらい、二階の住宅はそれまであった文化住宅のように低家賃で貸す。いずれも五〜七年ぐらいの期限つきで——という案を話した。この期間が使用限度と思われ、また周囲の状況も変化するだろうし、住んでみてまちになじんでもらえる期限だろう。まちの人口を少しでも増やしたいし、商いに生きがいを感じてほしい、と考えていた。

それが先週から解体が始まり、兵庫区の浜山地区で再使用するという。解体して再使用となれば、骨組みは全部使えるとしても、壁面、床面の全部は使えまい。内装間仕切り材、設備用配管材は使えない。壁面も穴だらけで、穴に合わせての施工は困難を伴う。新築と比べて何割安くできるのだろうか。浜山地区も緊急を要していたのだろうからあきらめるとしても、対費用面でどうも釈然としない。官の論理と民の論理の隔たりか。やはり説明責任、情報開示のなさが残念だ。一球目は空振りに終わったけれど、まちの新しい試みは残る八棟にかかる。（「まち・コミ」二〇〇二年五月号）

「そんな無茶なことを俺に言うか（笑）？」

当御蔵通五・六丁目町づくり協議会に、「復興基金で集会所を建てないか」と神戸市都市計画局から打診があった。世帯数から割り出し上限三〇〇〇万円、二〇万円／平米以下と条件がついていた。維持管理費の問題もあるが、市営御菅第三住宅の集会所は使い勝手が悪いし狭いので、まち協では「ぜひ建設しよう」との意見が圧倒的だった。

昨秋からまちの人たち、専門家、ボランティアを交えて勉強会をすること一〇回余り。晩秋に二〇名余りで市内三ヶ所の集会所見学を行った。このとき、北区八多町《はたちょう》のふれあいセンター（八多地域福祉センター）で見た古い民家を移築したものが感動を誘った。皆、「やわらかい」「安らぎを感じる」「ぬくもりが伝わってくる」「懐かしいなぁ」と口にした。自分の来《こ》し方を振り返り、生きている証をしみじみ呼び起こしているようだった。同席していただいた宮西悠司先生に古民家探しを依頼すると、先生は「そんな無茶なことを俺に言うか。これはとんでもないことを考えとんやで、わかっとんか？」と古民家移築の困難性を強調される一方、顔がほころんでいた。人々の気持ちを充分理解しておられるごとく。先生が網を張り、やがて見つけられたのが日本海沿岸で一三〇年の風雪に耐えた香住町浜安木《かすみちょうはまやすぎ》（現・兵庫県美方《みかた》郡香美町《かみちょう》香住区）の安井邸だった。

震災で多くの犠牲者が出た原因は伝統の木造建築、重い瓦屋根、それらは古いもの——と烙《らく》印《いん》を押された。それは違う。そこには種々の条件が問われていない。成ろうことなら古民家を移築してその強さ、その良さを再現したいものだ。

ご当主の安井忠道さんに、北前船《きたまえぶね》の船乗りだったご先祖様、そして三代続いての国鉄・ＪＲマンの話を聞いた。蔵では明治の長持《ながもち》をはじめとする嫁入り道具を見せていただき、これは但《たじ》馬《ま》から長田へお嫁さんを迎える事業なんだと身にしみる。家はつくるもので、買うものではない。太古の昔より人々が力を合わせてつくったものだ。棟梁をはじめ職人さん、地域の人たち、専門家、ボランティア、力を合わせて成し遂げたい。経済至上主義、効率優先主義で忘れ去った先人の知恵を、ものづくりの原点を、この仕事を通じて学びたいのである。（「まち・コミ」二〇〇二年七月号）

籠に乗る人、担ぐ人

香住町浜安木《かすみちょうはまやすぎ》の古民家が今、我々にさまざまな関わりをもたらしてくれている。このプロジェクトを進めるにあたり強い推進力となったのが、大阪工業技術専門学校の左海晃志《さかいこうじ》先生と亀谷《かめたに》義浩先生。両先生は自分たちの教え子に解体作業を手伝わせ、古き工人たちの技を現場で学ばせようとする。さらに長田に運んでからの構築にも参加を促す。学生たちも積極的に手を挙げる。彼らに熱いものを感じる。まち・コミュニケーションの若者もまた、但馬《たじま》の藤原工務店丸山利典《としのり》社長、神戸の村上工務店村上隆信会長を再三再四訪ね教えを請う。さらに、愛媛松山の古材商アイモク井上幸一社長を通じ八尾《やお》市に行き、「古民家再生夢工房」桑野建設の桑野祐介社長、曳《ひ》き家《や》の西澤登美雄棟梁を訪ね、その豊富な体験談を傾聴した。

八月下旬の解体作業中、第一一回御蔵学校を地元浜安木で開催する。兵庫県朝来《あさご》郡生野町《いくのちょう》のまちづくりを手がけているコー・プラン代表の小林郁雄先生に講師を引き受けていただいた。加えること出石《いずし》のまちおこしの宮西悠司先生、文化財に造詣が深い武田則明《のりあき》先生（共同化住宅「みくら5」設計者）、住都公団田中貢《みつぐ》専門官とそうそうたる先生方で香住入りし、地元の人たちを交え「ひょうごの匠」との称号がある但馬の棟梁田中定《さだむ》氏を迎え、木造建築と但馬学とまちづくりを学ぶ。

月末には古民家を通じて香住町と長田を結ぶコンサートを浜安木で企画している。歌手の李《り》浩麗《こうれい》さん、ピアノの東大《ひがしひろし》さん、マリンバの木村美泉《いずみ》さん勢ぞろいで懐かしい歌を皆さんに聴いていただこうと思っている。一方、河内音頭プロデューサーの橋本正樹さんを通じて、兵庫の民謡や民話を発掘して三十数年になる温泉町《ちょう》（現・新温泉町《ちょう》）の長谷坂栄治《はせさかえいじ》さん（柳原出版『兵庫のわらべ歌』著者）を訪ね、自慢ののどで但馬民謡を歌っていただくことに快諾を得た。

「籠《かご》に乗る人、担ぐ人、そのまた草鞋《わらじ》をつくる人」

たくさんの人たちの熱い思いが結集して但馬と神戸が結びつく。（「まち・コミ」二〇〇二年八月号）

そんな人は必ずいるから

事業用仮設を神戸市に払い下げてもらうことはできなかった。どうしてなのか、よくわからない。「このあとも他所《よそ》で使うから駄目だ」と言われた。仮設を解体し、他所へ持っていってまた建てるのであれば、新しい仮設を建てたほうが安いのではないか。おそらく「お前らが使うためには渡せない」という話なのだろう。事業用仮設には国の金も入っている。神戸市だけでは勝手にできないのだろう。だが、わたしにはそれが納得できない。

一方、神戸市の都市計画局からの「復興基金で御蔵に集会所を建ててみないか」という話は、あまり表に出してはいけないものだったらしい。担当者はえらく怒られているとか。役所にはそういう裏話が多すぎる。香住町《かすみちょう》での古民家解体は、建築を勉強していたり大工になりたかったりという専門学生を中心に進んでいる。御蔵に持ってきて組み立てるときには、地元のおじちゃんおばちゃんたちに壁の土練りとかもやってもらおうと思っている。御蔵北公園をつくったときと同じだ。今度は新しい住人も一緒に汗を流してつくりたい。そういう「自分の手が加わったという証」があると、このまちは自立すると思う。

ここに来るまででも紆余曲折があった。今なお、このプロジェクトに対して疑問に思っている人もいる。「管理費が高くつくからやめたほうがいい」という人もいるし、ボランティアに懐疑的な人もいる。「我々（御蔵通五・六丁目町づくり協議会とまち・コミュニケーション）で予算も立ててるからいいやんか、まかしてくれや」と言いたいけど、それは言えない。そのもどかしさはずっとついてまわる。「えらい面倒なことを始めたな」と、今になってしみじみ思う気持ちもある。

解体作業は、専門学生たちがボランティアで手伝ってくれている。彼らはほんとうに一所懸命やってくれている。震災直後に来て必死になっていたボランティアのようだ。そんな姿を見たら心を打たれるし、彼らがそこまでやってくれるなら、せめてメシ代だけでも何とかひねり出してつけてやろうと思う。ところが、まちの中からは「ボランティアにそこまでしなくてもいいやないか」という話がすぐ出てくる。それは一緒に働いていない無理解からくる言葉だと思う。

解体作業の前に専門学生たちが古民家の中の荷物を運び出したとき、その仕事ぶりを見て古民家の当主がいたく感激した。その感激を御蔵の人にも味わってほしい。ところがいかんせん、今はボランティアに対する評価がかなり下がっている。震災直後に入ってきたボランティアへの評価は確かに高かったが、そのあとのボランティアへの評価は前ほど高くはない。まちの人たちに姿が見えていないからかもしれないけれど、厳しい部分がある。それでも、必死にやっている専門学生たちの姿を見れば心を打たれるだろう。彼らがいなかったらこのプロジェクトはない。専門学生たちが「解体作業に携わることで、古い工人たちの技術を見てみたい。組み立てもやってみたい」という気持ちになることは大事にしたいと思う。技術の伝承にもなる。

来年の竣工までは苦労が絶えない。理解してもらえないさびしさは、集会所ができあがるまで、いや、できあがっても、わたしの心の中にずっと残っているだろう。

今は、判断に迷ったときにマイナスの要素を探す人が多い。行政もそうだ。しかし、うまくいく条件が完全に揃ってから始められることなんてほとんどない。ということは、いつも答えが「ノー」になってしまう。けれども、そんな「ノーからの発想」になってしまったら、この震災はいったい何だったんだと思ってしまう。「イエス」からの発想に切り替えないと、震災の被害を受けた我々は立ちゆかないような気がする。震災を受けたからこそ、プラス発想にしていかなければいけないのではないか。「あの震災さえなかったら」という発想になってしまったら、前向きの考え方が出てこないのではないか。

うちの会社でもそうだ。「あの震災さえなかったら二億、三億の金があったのに」と思ってしまう。違う。「震災があったからこそ何かできるんやないか」とプラス発想で動くことこそが、震災がくれたものなのではないか。まず「イエス」だ。このまちも「震災が起こったから壊れてしまった」と思うだけではなく、「震災があったから新しいまちになる」と考えたい。

その前からすでに感じていていたことではあったが、わたしがはっきりと「御蔵は元通りのまちには戻らない」と思ったのは、去年の秋から冬にかけて復興誌をつくるためにおこなった聞き取り調査のときだった。御蔵の復興公営住宅に入っている人のうち、三割強がもともと御蔵に住んでいた人で、七割弱が新しい人だ。復興誌の聞き取り調査では、御蔵に土地を持っているけれど別の場所へ移り住んだ人に「ここの土地をどうするか」ということも含めて話を聞いた。すると「もう御蔵へは帰らない」という人がけっこういた。鉄工所をやっていた人などは特にそうだ。別の場所で仕事のネットワークができたから御蔵に帰る必要がない、と。

震災前、御蔵には六〇数軒もの鉄工所があって、ネットワークをこしらえていた。親会社から「こんなもんできへんか」と言われたときに、「うちではできなくても、あそこならできる」「そこが駄目でも必ず他にできるところがある」と言える自信があった。まずはとにかく注文を受けることができた。ところが、震災でそういうネットワークが寸断されてしまった。今、残っている鉄工所は二〇軒ちょっとだろう。そこまで少なくなってしまうと、もうネットワークとして機能しない。今はそういう厳しい状況だ。震災前とは状況が全然違う。

御蔵に土地を持っていても帰ってこない人に「土地はどうするんですか」と訊《き》くと、「当分放っとかなしゃあないな」と言う。まち・コミュニケーション（まち・コミ）がこの次に何をしなければいけないかと考えると、そうして生まれる空き地をどうしていくかという活動かもしれない。

古民家移築プロジェクトは、まち・コミの活動の中では異質だ。今までの、公園をつくる音頭取りや、人が集まる場をつくる活動は、あまり金が絡んでいなかった。ところが、古民家移築プロジェクトは、もろに金が絡んでくる。その金をどう使うかということに対して、住民がものすごくナイーブになっている。プロジェクトを進めるにあたって、まちの人の約二割が賛成してくれていて、六割がまあまあ、あとの二割は反対している。反対している二割の半分は無理解から来るもので、あとの半分――要するに全体の一割は主旨がどうであれ、「あいつがやるんやったら反対」というものだ。そんな人は必ずいるから、これはもうしょうがないと思っている。古民家移築プロジェクトがその人の金を使うわけではない。自治会の金もほとんど使わない。まち・コミで事業をやったりして、どうにかしてひねり出してやろうと思っている。それなのに、「あいつがやるんやったら反対」と言う人がいる。「ちょっと待てや」と言いたいが、言えない。

しかし、たとえば御蔵北公園をつくる際に、住民がボランティアで芝貼りをした。そのぶん役所から金が出たわけではない。しかし役所は太陽電池の時計を公園につけてくれた。時計をつける話は「予算がないから」と、最初は役所に蹴られた。しかし最終的には「まちの住民がそこまでしてくれるのなら」といって予算をつけてくれた。こちらが誠意を見せれば叶うことがある――ということは、そのときに初めてわかった。

これまでまち・コミが関わってきたいちばん大きな仕事は、共同化住宅「みくら5」の建設だろう。みくら5は地震に家を壊されてしまった住民が共同で建てた家だが、まち・コミのサポートがなければできていない。

ただ、「いつまでもボランティアではないだろう」と批判的な人もいる。もし仮に、今日までこのまちにボランティアがいなかったら、ここまで活気のあるまちにはなっていないと思うが、そのことに対して理解を示さない人もいる。わたしがマスコミに出過ぎてしまってずいぶん批判をくらったのは、たぶん「あいつはボランティアを従えてのし上がっとる」と理解されているのだろう。しかし、ボランティアなしで住民が中心になってこのまちで何かをしようとしたとき、果たしてそれができるのかと訊きたい。ボランティアの力は、今でも絶対必要だ。古民家移築プロジェクトも、彼らの力がなければ、きっとできていない。

まち・コミは、地震直後、皆が仮設住宅のほうばかりを向いていたときに、「まちがようならんことには仮設住宅はなくならへん。だからまちを良くしよう、戻れるまちにしよう」という思いで生まれた。古民家も、住民全部の気持ちは網羅できなくとも、手伝ってくれた人に愛着を持ってもらえればいい。現に、皆で芝貼りをした公園でも、朝早くからごみ拾いをしたり、花壇に水をやったり、草取りをしているこのまちの人が何人もいる。それは「自分たちがやらないかん」という気持ちの芽生えになっているという証拠だろう。それが主権を取り戻すということだと思う。今までは他人任せ、行政任せで来たけれども、自分たちでできることは自分たちでしよう、個人でできないことは地域の皆でやろう——という形にならないといけないのではないか。地域でできないことは仕方がないから行政に頼むしかないけれど、でも、とりあえず自分たちでできることは自分たちでやろうや――と。（二〇〇二年八月、「震災が残したもの8」〇三年一月刊）

若者たちとの夏合宿

去る八月一九日より二週間にわたる香住町浜安木《かすみちょうはまやすぎ》での古民家解体は、まち・コミュニケーション（まち・コミ）のメンバーである藤川幸宏一級建築士をリーダーに、大阪工業技術専門学校の先生と多数の学生、OBの大工さん、神戸市立工業高等専門学校の学生、御蔵のまちの人、まち・コミの若者とその応援団長の宮西悠司先生が体育館に合宿して、その精神と肉体をぶっつけあった。寝具は各自持参。壁に沿って寝る人、ど真ん中で大の字、広い体育館での寝場所選びには性格が表れていた。最初は慣れない場所に寝つけなかった人もいたが、疲れと慣れで徐々に熟睡できるようになっていった。

古民家は一二〇年を経ている。積もった煤《すす》や埃《ほこり》も想像以上で、若い男女が真っ黒に汚れながら太い木材を解体した。壁土も再使用するために取りはがしながら土嚢《どのう》袋に入れる。汗と土ぼこりを頭からかぶりながら3Kの仕事に没頭している若者たちの姿に感動した。女学生も足場に上がり、古木を担いで運ぶ。基礎石も持ち上げる。若い男女のヘルメット姿も板についてきた。大工の棟梁が、この若者集団のテキパキとした動き、しんどさをいとわずにひたむきに挑戦する動きに「〝今どきの若いもんは〟という言葉は彼らに通じないな」と感心していた。太く長い真っ黒な棟木《むなぎ》を声をかけ合い下ろし、担いで大八車に乗せる。重い延《の》べ石を二人で目を見合って気を配り、お互いに安全を確認して運ぶ。そこに連帯感が生まれる。晩に食事当番がつくってくれた食事を一同で食べる。ありがたさを感じ、思いやりや心遣いを慮《おもんぱか》る二週間の合宿生活だった。

すべてを取り除き整地された達成感の渦巻く跡地で、曲がった七寸釘を拾って、思わずそれで釘刺《くぎさ》しを始めた。「何ですかそれは?」と若者たちが集まった。こうやって遊んだ子供時代を語る。交替して彼らがやり始める。最初はうまく刺さらない。間もなく刺さり出すが、思うところに命中しない。ワイガヤで遊んだ。親子の断絶なんて共に汗を流せばないいんじゃないかと思った。今、こうした「場」が必要なのだ。共に汗をかいた学生(若者)たちの顔は満足げで、底抜けに明るく、まぶしかった。きらりと光り輝いた夏だったに違いない。わたしのほうも、彼らと共に過ごしたこの二週間は、すこぶる充実した夏を与えていただいたと感謝している。(「まち・コミ」二〇〇二年一〇月号)

台湾被災地を訪ねる

台湾９２１地震の被災地を、御蔵のまちの人、まち・コミュニケーションとその運営委員の先生方、兵庫県佐用町の方々、昨夏古民家解体に大活躍の大阪工業技術専門学校の学生たちという多彩なメンバーで四泊五日にわたり旅した。二日目の南投市《ナントウ》中興新村《チョンシンシンスン》行政院９２１災後重建推動委員会での日台震災交流シンポジウムではお互いに期せず「住民主体」がテーマになった。

ここに参加した東海《トンハイ》大學の黄淑燕《ハンシュウヤン》先生、古川千樫《ちかし》先生と学生たち、さらに大華《ダーファ》科技大學の先生方もそのあと一緒に行動する。

大型観光バスの席で二日間隣り合せとなった推動委員会の副執行長、呉崑茂《ウークンマ》さんがすごい人物だった。上杉謙信に始まる歴史物語、日本の近代史、第二次大戦戦史から失敗をどう生かすかに至る彼の造詣ぶりに驚いた。果たして我が台湾をどれだけ知れりやと。呉さんは「復興」とは現状復帰に留まることなく、新しいエネルギーと価値を生み出し産業振興や就業率の上昇を目指すものでなければならぬと言い、これからも被災地が生活するために理想的な環境をつくることを目指し努力を続ける――と熱く語る。

翌朝六時に山荘を出発した大型観光バスは道幅の狭い山谷を縫うように走り、二〇〇〇冊の

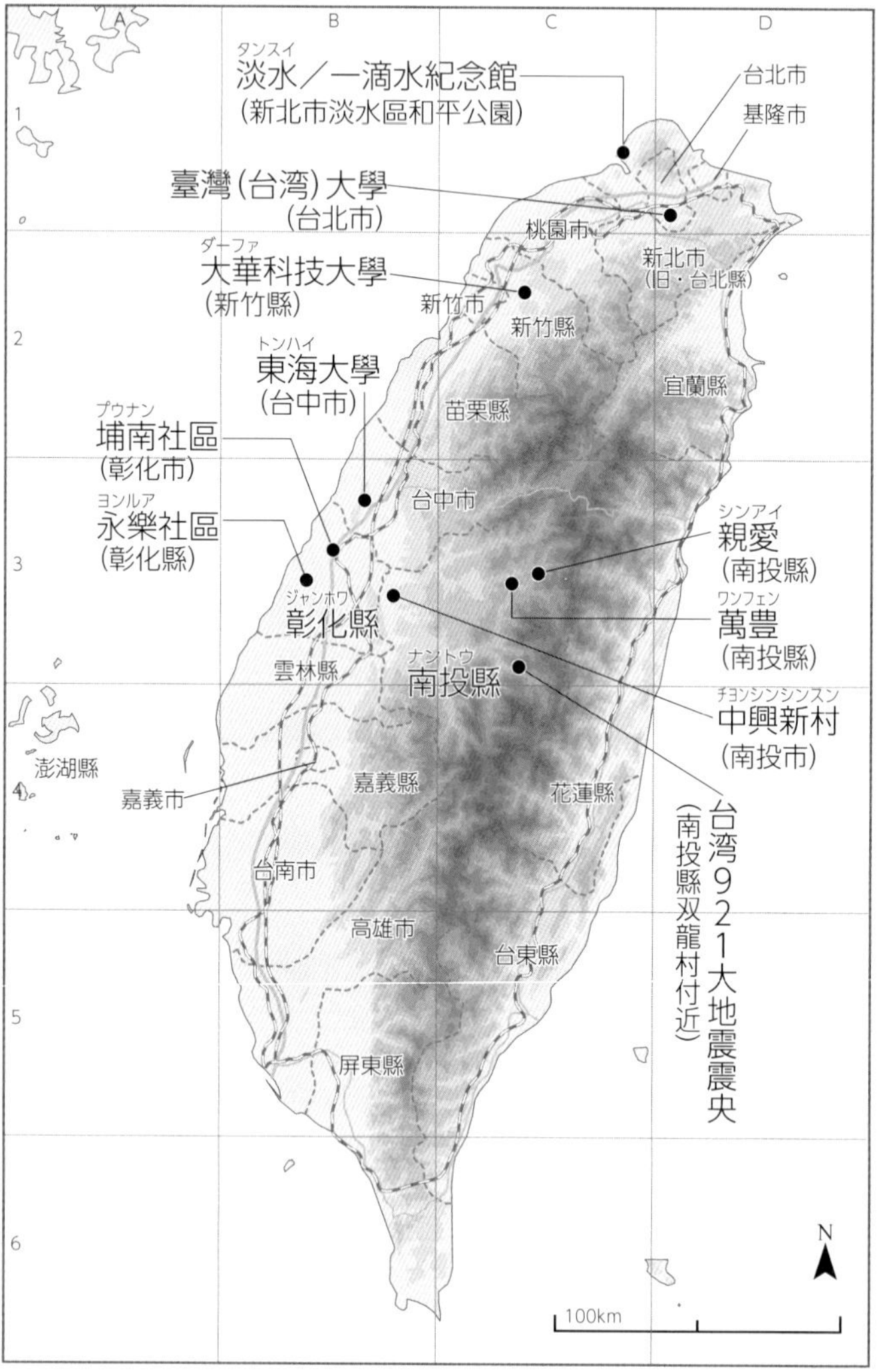
A
B
C
D
1
2
3
4
5
6
淡水《タンスイ》／一滴水紀念館
（新北市淡水區和平公園）
臺灣（台湾）大學
（台北市）
大華《ダーファ》科技大學
（新竹縣）
東海《トンハイ》大學
（台中市）
埔南《プウナン》社區
（彰化市）
永樂《ヨンルア》社區
（彰化縣）
彰化《ジャンホワ》縣
南投《ナントウ》縣
台北市
基隆市
桃園市
新北市
（旧・台北縣）
新竹市
新竹縣
宜蘭縣
苗栗縣
台中市
親愛《シンアイ》
（南投縣）
萬豊《ワンフェン》
（南投縣）
中興新村《チョンシンシンスン》
（南投市）
台湾921大地震震央
（南投縣双龍村付近）
雲林縣
澎湖縣
嘉義市
嘉義縣
花蓮縣
台南市
高雄市
台東縣
屏東縣
N
100km

図5-3：台湾（臺灣）略図

古本を届けに親愛《シンアイ》・萬豊《ワンフエン》部落へ。教会では子供たちと一緒になって唄《うた》い踊る。彰化県《ジャンホワ》永樂社《ヨンルア》區*では、住民が廃材を使ってつくった集会所で現地料理を翁金珠《ウエンジンジュ》縣長（県知事）と食しながらの歓談。埔南《プウナン》社區では滅びゆく蝶や昆虫を住民が育て、村おこしにかかり、県も後押しし、国からも表彰を受け、住民のモチベーションがさらに上がっている。

そのほか行くところすべてで心からの歓待を受けた。とてもうれしかった。楽しいことはみんな一緒になって味わおう。みんながいるだけで楽しい。そして悲しみは慰め合おう。ひとりで悲しむことがいちばんいけないという。国は違えど人間関係は一緒だ。多様性を認め合い多くの人が自発的に地域社会のために尽くしていることを数多く学んだ旅だった。（「まち・コミ」二〇〇三年三月号）

*社區　地域共同体、地域社会。台湾における「まちづくり」の基本単位。

啐啄の道場

宮西悠司さんがこのたび日本都市計画学会石川賞を受賞された。「真野《まの》地区*における一連のまちづくり活動」の業績が評価されたと聞くが、その活動は真野にとどまらない。

今年一月、当御蔵地区が防災まちづくり大賞総務大臣賞をいただけたのも宮西さんの貢献にあずかっている。御蔵のまちづくりはボランティアの存在を抜きにして語れない。そのボランティアの若者と夜を徹し、膝を交えての議論はときに鬼気迫るものがあり、その背景には今彼ら若者を鍛えなくていつ鍛えるといった「啐啄《そったく》」の道場的雰囲気が伝わってくる。

ときに大音声の叱責が飛び、ときに優しく懐に包み込む。またときに深酔いし何を言っているのかわからん人間味を出す。それはやがて住民とボランティアを中心に小島孜《つとむ》近大教授から宮西さん、さらに武田則明《のりあき》先生へとつながって共同化住宅「みくら5」の完成を見た。また、宮西さんから藤原工務店丸山利典《としのり》社長へとつながって実現の歩を踏み出し、今、まちとまち・コミュニケーションの将来を左右する古民家による集会所建設の生みの親といっても過言ではない。

震災後、真野に集会所としてプレハブを運んだのがご縁の始まりで、こんなに親しくつきあうなんて思ってもみなかった。震災が生んだ出会いを若者共々楽しんでいる。

都市工学者・石川栄耀《ひであき》は半世紀前に「都市計画は都市に内在する自然に従い、その自然が矛盾なく流れうるように手を貸す仕事である。これに自分は生態都市計画という名を与えたい」と言った。宮西さんは四半世紀前に都市生態カルテをつくった。これは出色のできだったのにいかんせん生かせていなかった。今からでも遅くはない。

都市計画をこよなく愛した男、そして夢見た男、石川栄耀の都市計画三五年の総括「社会に対する愛情これを都市計画という」。まさに宮西さんにもぴったりではないか。（「まち・コミ」二〇〇三年六月号）

＊真野地区　神戸市長田区真野町。御蔵通からは南西に約七〇〇メートル。震災前の御蔵のような細い路地が今も残る下町。一九六五年の公害反対運動から始まる住民たちの自主的な活動の歴史が長い。

半歩を踏み出す勇気

古民家移築プロジェクトはようやく軌道に乗り始めた。今、基礎ができあがりつつある。この古民家プロジェクトがうまくいけば、「まちづくり」というものに、ものすごい活気を与える大きな原動力になるだろう。

今は「瓦《かわら》募金」を募ろうという話もある。一枚二〇〇〇円で募金してもらって、屋根瓦に名前を書いてもらう。まちの人が少しでも「古民家は自分たちでつくったんや」という気持ちを共有できるようにしようと思っている。あとは住民がどれだけこのプロジェクトに参加してくれるかだ。地域住民全員が参加するというのはちょっと無理な話だ。それは仕方がない。しかし、参加にもいろいろな方法がある。壁土を塗ってくれることで参加する人もいれば、差し入れを持ってきて「ご苦労さん」と言ってくれることで参加してくれる人もいる。瓦募金で二〇〇〇円出してくれる人も参加者だ。その人がやれることを精一杯やってくれることが重要なのだ。

この間も、作業をしていたら、近所のおばさんが差し入れと言ってお金を持って来て「お茶でも飲んでください、わたしは何にもできませんので」と言ってくれた。全員参加は無理だとしても、何かしらの形で、何割かの住民が参加してくれたらそれで御の字だと思っている。

先日は、まち・コミュニケーション（まち・コミ）で修学旅行生の研修を受け入れた。御蔵のまち歩きやヒアリングをするのだが、そのときに住民の人たちに「ぜひ協力してください」と声をかけたら大勢参加してくれた。二三〇人くらいの生徒さん――先生たちも入れたら二五〇人ぐらいになる。そんな人数でまち歩きをするわけだから、いくつかの班に分けて連れてゆくことになる。その班に地域住民の人が最低ひとり、もしくは二人。さらにボランティアが最低ひとり同行して案内係をする。さらにヒアリング対象を班の数だけ用意する。ヒアリング対象は喫茶店や鉄工所、個人の家などさまざまだ。炊き出しを手伝ってくれる人も入れると、かなりの数になる。

修学旅行生の受け入れは、今年はえらく増えた。来年も増えるだろう。震災を語り継ぎ、知ってもらうことはすばらしいことだと思う。震災とはこういうものだったと知ってもらうために、体験した者には語り継いでゆく義務があると思う。最初はわたしがずいぶんとでしゃばって話をしていたが、最近は一歩下がって、運営も若いスタッフが一所懸命やっている。修学旅行生に「来て良かった」と言ってもらえたら、まちの皆も何かやりがいを感じる。そうなると、また喜んでもらえるような、しっかり勉強してもらって良かったと言えるようなまちにしたいと思うだろう。語り部みたいな役も、まちの皆にやってもらいたいと思っている。語ることによって、このまちの人たちがいきいきしてくると思うのだ。

復興誌のヒアリングはまだまだ続いている。ある地主さんのところへ行って話を聞いた。「今、持っている土地の使いみちは何も考えてへん。神戸市がひじょうにいい値で借りてくれてるんで」という話をされた。「ある一面を考えた場合、地主にとって震災はひとつのチャンスになった」と言っている。震災前は土地代がものすごく安かった。二代三代前からその土地を借りている人もいる。そうなると借地代を上げられない。それが震災で家が壊れて更地になって、借地権契約を切り離したりするケースがあったりして、地主さんとしてはちょっと楽になったという。

そんな話は地主に訊《き》かなければ聞けない話だ。わたしもそのとき初めて聞いた。わたしが経営している兵庫商会も御蔵の地主なのだが、借地商売はしていないのでそんなふうに思ったことはなかった。しかし一方でその地主さんも、借家人に「どうかしてくれ」と泣きつかれたときに「やっぱり何かしら助けてやらないかんやろうと思ってる」とも言っている。さらに「自分としては、もう神戸市が何を言うてこようが〝借家人がどう思うてるか〟を最優先に考えてる」とも言っている。どれも本音だろう。復興誌には、そんなふうになかなか表に出てこないような隠れた話を掲載できればと思っている。

ここ最近、神戸市の行政も少し変わってきたと感じるときがある。何か提案を持っていったとき、つねに「NO」から始まっていたものが、「それならちょっと考えてみます」いう反応になってきた。「それはうちの部署と違いますから、あっちの部署へ行って話をしてくれ」という場合もあいかわらず多いのだが。

この前、大勢の人の前で話す機会があった。行政の人がたくさん来ていたから「まず〝NO〟からの話はやめてくれ」と言わせてもらった。嘘でもいいから「聞いてくれる」という態度を見せてもらうことで、住民側の次の展開もずいぶん違ってくる。多少でも希望を持たせてもらうことで住民のレベルも上がってくる。だからそういう手助けをしてくれ——という話をした。

一方で、住民側も半歩を踏み出す勇気を持て、と言った。「一歩」ほどでなくてもいい。ほんのちょっとの勇気のことだ。それを「トン」と踏み出したときに、何か前進しているような気がするのだ。わたし自身もそうだった。それまで商売一筋だったからあまり感知していなかったが、まちのことを自分でやり出したときに、その「半歩」に気がついた。
たとえばエレベーターに乗っていて、あとから乗ってきた人に自分から挨拶する。それが「半歩」だ。簡単だ。でも、それが大事なのだ。今の時代、それが失われていることに気がついた。いかに人と人との対話が大事かということがわかった。「相手から声かけてけえへんのに、なんで俺が声かけなあかんねん」というのが今の時代なのだろう。だが、それは違う。声をかけてくれない人に対して声をかけてほしいと思うのならば、こちらから声をかけたほうがいい。ほほえみを返せないというのは、ほほえみかけてほしいという合図なのだ。

来年には古民家の集会所が完成する。完成したあかつきには、そこで何をするのかを模索していくことになる。この先、御蔵をどういうまちにするのかというところに踏み込んでいくことになるだろう。集会所は完成したときから始まる。だから完成する前から準備しなければいけない。次回の町づくり協議会の会議では、集会所の運営委員会をつくりたいと思っている。今すぐに決めなくてもいいのだけれど、お互いにどんなことをしたい、こんなことをしたいという夢を描きながらつくっていこうという話をしている。まず、夢を、お互いに出し合うことから始めたい。（二〇〇三年六月、「震災が残したもの9」〇四年一月刊）

諭されていると理解して

　八月初旬、総務省消防庁から防災功労者内閣総理大臣表彰の内示についての書類を受け取った。消防庁からまち協とまち・コミュニケーションを内閣府に推薦していただいた結果、受賞の栄に浴することになった。旬日遅れで内閣官房長官福田康夫名で「防災週間行事の一環として日頃から防災思想の普及、又は防災体制の整備に尽力し、あるいは、災害時における防災活動に顕著な功績のあった個人または団体に内閣総理大臣の表彰することとしておりますが本年は貴団体が選ばれました」と案内状が届いた。

　寝耳に水とはこのことか。今春「防災まちづくり大賞総務大臣賞」をいただいて半年余り、今度は総理大臣表彰とは。なんだかつき過ぎていて、この次は奈落の底へ落とされそうだ。何事も絶好調時が転落の始まりのときだ。調子の波に乗り周囲が見えなくなる。有頂天になり、つい油断し、安易に流れる。自分の力でもないのに錯覚する。謙虚さを忘れる。そして活力を欠いていくのが常道である。これらを戒めながらハングリーさを忘れず、絶えず危機感、緊迫感を持ってまちに力強い活力が湧き出るようにさらに努めよ――と諭《さと》されていると理解して、この賞を受けたいと思っている。

　まちづくりは道半ば、古民家移築の集会所はようやく小舞編《こまいあ》み*が組み終りこれから土壁塗りに入る。大工棟梁そして小舞編みの師匠、左官の親方とそれぞれの指導のもとに住民ボランティア、学生ボランティア、まち・コミの面々が汗を流し合って成果が生まれつつある。形ができるたびに充実感を呼びさまされる。忘れかけた人間の五感がよみがえってくるようでもある。

この集会所ができあがっても、それで完成ではない。これが活用されて、このまちに住む人が健全に自分を客観視でき、他者と協調し、一緒に遊び、学ぶことができるバランスの取れた住民となることを目標にしたいものである。（「まち・コミ」二〇〇三年九月号）

＊小舞編み　竹や木、葦《よし》を格子状に組んだ建築部材。漆喰《しっくい》を練り込み土壁をつくる際の基礎となる。

そういう機会がなさすぎる

できあがった古民家の集会所では、御蔵通五・六・七丁目自治会の活動、町づくり協議会（以下まち協）の活動、両方が始まっている。集会所が建ったことで御蔵に住んでいる人が自分のまちに誇りを持てるようになった。ここは歴史のある古いまちなのかもしれないけれど、地震のときにみな燃えてしまった。だからこそ、このまちに語れるものがある、自慢できるものがあるいうことは意味があると思う。新しく移ってきた住民も、まちに愛着が湧《わ》く。それが誇りにつながると思う。
ただ、いいことばかりではない。今、言ったようなわたしの気持ちが、うまく住民全員に浸透しているわけではない。ここまでには紆余曲折があった。集会所ができあがり、どこが運営の中心となるかでいろいろあった。建物は補助金をもらった兵庫県との約束で自治会の持ち物になるので、自治会で運営するという意見があった。でも、「自治会だけで運営するのは大変だ。結局、集会所の運営には自治会だけでなくいろんな人が入って一緒にやっていったほうがいいんじゃないかという話になり、自治会員が中心だけれども、まち・コミなどからも人が入った「自治会館運営委員会」ができた。

この集会所がうまくいっているのには、まち・コミやまち協という存在、ボランティアという存在が大きいと思う。自治会の建物だから自治会だけで運営すると決めつけなくてもいいと思う。まちにはいろんな人がいる。「ボランティアは関わるべきじゃない」と言う人もいる。わたしは、そう言うのは仕方ないと思う。しかし、今、古民家づくりのボランティアの若者が経験しているようなことを若いときに経験している人ならば、職場の人間関係だけではなく立場も歳も違う人と何かをしてきた人であれば、そうは言わないだろう。そういう機会が、今はあまりにもなさすぎる。

　このまちの中にも、やっぱり復興格差がある。うまくいっている人、いっていない人がいる。うまくいってる人だって、うまくいってるように見えるだけで、ほんとうにうまくいってるかどうかはわからない。それを表面だけで比較してしまう人もいる。比較してしまうから、何かとげとげしいものが出てしまう。同じ被災者なのに向こうはうまくいって、自分はうまくいかないという妬《ねた》みがやっぱり見えてしまう。これは災害が起こると、つねに出てくる問題だろう。

　だからこそ、「注意せなあかんことがある」と思うようになった。「人は人、自分は自分」と認識しなければならないのだけれども、そう思えない人もいる。そういう人と出会ったときに、ただ「嫌やな」と思うのではなく、相手の背景も見て許容するという気持ちが必要だと思うようになった。


　住民には自立しようとする芽が生えてきている。これを皆がどう育てていくかに、まちの将来がかかっていると思う。住民も、行政も、ボランティアも、皆が歩み寄る、足を運んで顔を合わせるということが大事なのだ――ということに気づいた。一〇年経って、わたし自身もずいぶん勉強したし、させられた。それは「事柄」よりも「人」によってのことがほとんどだ。いい経験をたくさんした。この震災が自分にもたらしてくれたものは、ものすごく大きい。特にこれだけの人を知ることができたというのは、すごいことだと思う。

震災前は、仕事場の近所であっても御蔵のことはまったく知らなかった。これはひじょうに「悪いこと」だったと思う。これはわたしの大きな反省だ。不作為の行為——自分にできる能力と機会がありながらやらないのは「悪」なのだ。


今、また新しい古民家を解体している。一昨年（二〇〇二年）に香住《かすみ》で古民家を解体したときの新聞記事を見て、福井県の大飯町《おおいちょう》の人から「うちも古民家持ってるけどどうか」という話が来た。皆で見に行くと立派な建物で「ぜひほしい」という話になったのだが、御蔵にはもう集会所がある。でも、これはもったいないなあ——と思っていたところ、今、台湾に持っていこうという案が出ている。

今回の古民家移築も、専門家から学生まで、若者と熟練の混成軍になる。去年御蔵で建てるのを手伝った子は、今回はリーダーになっている。彼はここで出会った大工の棟梁に弟子入りした。女の子もひとり、左官屋に弟子入りした。この間、一週間仕事して帰った子は、「多くの出会いがあった。自分の生活のなかに広がりができた。ものすごく感動しています」と言ってくれた。そこまで言ってもらったら、やっぱりやった甲斐がある。自分がそういう場をつくることができるのならば、どんどんつくっていきたい。若者は体験をすることで何かをつかんでくれていると思う。技術だけでなく感性も鍛えられたと思う。

昔気質《かたぎ》の職人さんたちにとっても、ものすごくよかったと思う。大工の棟梁の奥さんは、「どうしてうちの主人はこの一〇年来見せたことのないような嬉しそうな顔で現場に行くんかなあと思ったけど、ここに来て初めてわかった」と言っていた。「若い人に大勢囲まれて慕われてる、これは銭金抜きやなあ――というのがよくわかりました、ほんとうに感謝します」と。感謝しているのはわたしのほうなのに。ほとんど金も出してない、日当くらいしか出してないのに。

他で仕事していたら、「いくら」でこういうのこしらえてくれ――と言われるだけだ。そこにはやはり制限もあるし、すべてを自分の好きなようにはできない。だけれどもここでは、自分の創意工夫もなかに入れながら仕事ができる。若い子も「ここどうしましょう」と相談してくる。そこには親方と弟子以上の関係があるような気がする。大工もそこで職人魂をくすぐられる。地元のおばちゃん連中もそのなかに入って一緒になって壁土を塗っている。そんな現場はどこにもない。だからこそ、古民家づくりの場は皆が輝いているような気がするのだ。

（二〇〇四年七月、「震災が残したもの10」〇五年一月刊）

台湾へ古民家移築を

一九九九（平成一一）年に台湾で地震が起き、その翌年の一月、神戸で阪神・淡路大震災の慰霊祭が終わった次の日に、台湾の被災地へボランティアに行った。そのときに窓口になってくれたボランティア仲間の邱明民《キュウメイミン》（ボランティアグループ「台湾希望工程協會」代表）さんとは今でも交流がある。去年は邱さんと一緒に、台湾の被災地に古着や本を届けに行った。そのとき、彰化縣《ジャンホワ》（県）の港町に廃材を使って集会所をこしらえているところがあり、それを見に行った。御蔵の集会所と通じるところがあった。邱さんは彰化縣の知事室長をしており、集会所を見に行ったときには、縣長（県知事）もてなしてくれて、一緒に昼飯を食ったりした。

昨年三月、彰化縣永樂《ヨンルア》社區のまちづくりを訪ね、廃物利用の集会所で彰化縣長翁金珠《ウエンジンジュ》さんと昼食を共にし、まちづくりを語り合った。今年六月一六日、翁縣長、徐明達《チウミンダ》副縣長一行が浜名湖花博視察の後《のち》、神戸に来られ、御蔵の古民家集会所で夕食を共にした。翁縣長は「こんな風格のある建物が欲しい」とおっしゃられ、すかさず宮西悠司先生が「福井県大飯町の古民家はどうか」と写真と模型を見せながら説明された。翁縣長は建設費は国に相談すると言われた。

大飯町岡田の古民家は二年前、香住《かすみ》での解体作業中に持ち主から見てほしいと依頼を受け、そのとき下調査をした。若州一滴文庫《じゃくしゅういってきぶんこ》＊のある地で典型的な養蚕農家集落。棟札に木挽《こびき》＊棟梁中瀬安右衛門、大工棟梁水上覚治《みずかみかくじ》とあった。作家水上勉《みずかみつとむ》さんの父君、一九一五（大正四）年作のもの。空き家となってすでに数年、一部雨漏りがあり今夏が限界と判断して解体をもくろんでいた。

＊若州一滴文庫　福井県大飯郡本郷村（現・おおい町《ちょう》）生まれの作家・水上勉が主宰する若州人形座の拠点、水上さんの蔵書や絵画、文学関連資料などを展示する施設。竹人形館、芝居小屋、竹紙工房を併設。一九八五（昭和六〇）年、福井県大飯町岡田に開館。
＊木挽　木材を大鋸《おが》で挽き、角材や板に製材する職人。

七月下旬から八月中旬の四週間、建築を学ぶ学生たち（神戸大、大阪工業技術専門学校、神戸山手大、京都女子短大、神戸松蔭短大、明石工業高等専門学校、神戸市立工業高等専門学校）が現地で合宿を張る。台湾から四人の若い建築家と映像監督ひとりが参加、まち・コミュニケーションメンバーが軸になり、ときには宮西先生をはじめとする先生方、斉藤賢次棟梁とその仲間、御蔵の住民のボランティアも参加し、一日約三〇人が日本語、中国語、英語が飛び交う中、輪番で自炊しながら解体工事に従事した。

学生たちは台湾建築家と一緒になって瓦や木材、土、石に手を触れ、声をかけ合い埃《ほこり》まみれになって作業に取り組み、今は見ることができない九〇年前の工人の技について研鑽《けんさん》を積んだ。古いものを捨てる風潮のある中、再生させるべく大事に扱う心構えと、さらに優れた伝統文化を維持、継承、発展させるべきことをこの解体プロジェクトで学んだ。台湾での再建時には行っ

て手伝うぞと台湾五人組と誓い合い、すがすがしいひと夏を大飯町岡田で送った。（「まち・コミ」二〇〇四年八月号）

自ら行動するリーダーたち

今夏、建築を志す多くの京阪神の若者と台湾からの五名が、福井県大飯町岡田で四週間合宿して解体した古民家が、果たして台湾で建てられるのか。建設費は？　建設場所は？　日本の古い民家を持って行って台湾の人たちに違和感はないか？　台湾の木材事情は？……などの問題点をこの目で確かめるために、一〇月二六日から二九日まで、まち・コミュニケーション関係者と斉藤賢次棟梁とで押しかけた。たくさんの人に会ったが、印象深い人を紹介したい。

最初に臺灣《タイワン》大學（台北市）で「ふるさとの面影を求めて」と題してまちづくりを語った。そのとき、陳亮全《チエンリヤンシエン》教授（国家災害防救科技センター長）は「国民感情や材木事情は問題ない」「台日学生の交流はとてもいい話だ。早く場所が決まるといいですね」と勇気づけてくださった。

そのあと、文建会*の陳其南《チエンキナン》主委（議長）に会い、ドキュメンタリー映像作家・荘岳《チユアンユエ》監督による解体映像を見ていただいた。「今、台湾では日本時代の古い建築物を保存する運動がある。

計画道路が曲げられることさえある」「文建会で国際芸術村の計画があり、そこはどうだろう」「わたしが全国に寄付金を呼びかけよう。文建会からもいくらか出そう」と陳主委。的確な判断と即決、自ら前に出る人である。

＊文建会　行政院文化建設委員会の略称。台湾における社區政策の主管官庁。一九九四年に「社區総体営造計画」（日本語に意訳すれば「まちづくり総合計画」）を提案、台湾各地の社區と政府内の各組織をつなぐ役割を担う。

翌日夕刻、彰化縣《ジャンホワ》庁を訪ね、翁金珠《ウエンジンジュ》縣長、徐明達《チウミンダ》副縣長と再会。解体映像を見ながら感動が伝わってくる。「暗くなるので早く用地を見に行こう」と縣長自ら案内。縣庁から車で五分、名物の大仏のある丘で緑多い散策道もある入口近くを副縣長が指定。これまた即決断。

帰途直前に会った外交部（外務省）亜東太平洋司科長（課長）・郭仲熙《グオチオンシ》氏は「高齢者の大半は日本時代を懐かしがっている。また台日の若者が共に汗を流してつくり上げることは意義あることです。外交部も協力を惜しまない」と台北駐大阪経済文化弁事処（事務所）を紹介された。「ぜひ文庫も持って来てほしい。お年寄りは日本の小説も読みたがっています。気持ちを合わせてこの企画をやり遂げましょう」と温かい言葉があった。

台湾のリーダーたちは自ら行動する懐の深い心温かい人たちだった。（「まち・コミ」二〇〇四年一一月号）

一〇年目を迎えて

年末が近づき、マスコミの取材が多くなった。一〇年目を迎える来月一七日に向け、まち・コミュニケーションでは一月八日の御蔵学校に始まり、一五日のボランティアの大集会、一六日の慰霊祭、一七日のローソク祭と行事が続く。

一五回目を数える御蔵学校は、今秋、出石《いずし》川の堤防決壊*にも関わらず人的被害を最小限にとどめた鳥居地区（豊岡市出石町）の廣井《ひろい》昌利《まさとし》区長と鳥居地区で瓦屋さんを営む消防団員の谷口《たにぐち》晃さんを招いて、河川の増水状況から避難命令を出すに至った状況をぜひお聞きしたいと思っている。一方、当地区から離れて一〇年目を迎え、元気に活躍しておられる七十代、六十代、四十代の方を招いて、来し方を語っていただく。

＊出石川の堤防決壊　二〇〇四年一〇月二〇日、台風二三号により円山川と支流の出石川が決壊し、翌〇五年四月に合併を控えていた豊岡市（豊岡市、出石町、但東町《たんとうちょう》、日高町《ひだかちょう》、竹野町《たけのちょう》、城崎町《きのさきちょう》）のほぼ全域が被災。堤防が決壊した出石町鳥居地区は全域の家屋一階部が水没、死者二人。

一五日の大集会は、震災時のボランティアを中心に一〇年間を振り返り、認め合い、新たな出会いをつくることで、これからの未来を創造し、生きていくきっかけとなることを願っている。この一〇年間、ＩＴ技術を駆使してより早く正確に被災地の状況をつかみ、何が必要かを分析し、即行動するボランティアがしっかりと根づいている。今回も東京、神戸、新潟、三宅島とインターネット四元中継をもくろんでいる。

一六日の慰霊祭も、遺族の方から「感謝の集いを持ちたい」という声が上がった。ありがたいことで、心が通じ合う大きなうねりを感じる次第だ。

一七日のローソク祭も、毎年のことながらだんだんと輪が広がっている。早朝の五時四六分と午後の五時四六分の二回にわたる点灯と焼香で、故人をしのんでいる。

一〇年を経て、まちは道路や公園が整備されてきれいになった。建物も新しくきれいなものばかりである。でもそこには、かつてあった人の気配や生活のにおいといったものがかき消されて、人の心の乾きが感じられる。潤いが少なく、何か短絡的思考につながる危険性を感じる。物事をもう少し時間をかけてやる必要性を、我々は古民家集会所の移築で教訓として学んだのだが……。（「まち・コミ」二〇〇四年一二月号）

ニセコ町を訪ねて学ぶ

北海道社会福祉協議会（社協）に宮定章まち・コミュニケーション代表と招かれ、「災害に学ぶ」

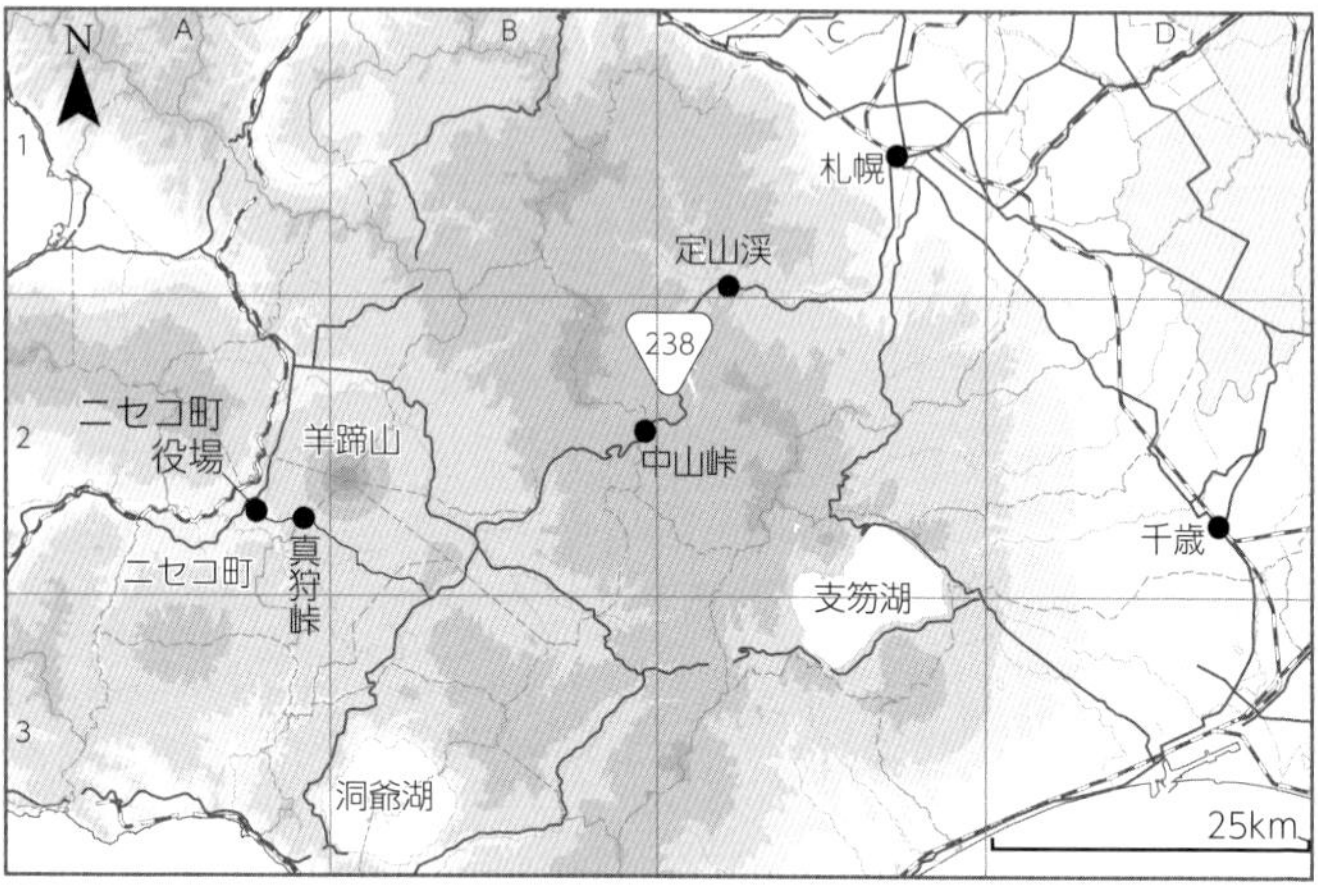

図5-4：北海道（千歳～札幌～ニセコ間）略図

と題して講演に行った。かねて興味を持っていた「ニセコ町《ちょう》まちづくり基本条例」について聞きたいと人を介してお願いし、快諾を得ていた。

前日に出発し一〇時頃千歳に着き、雪の中レンタカーを借りてニセコ町に出発しようとしたら社協より電話が入り、昼食を用意しているのでぜひ札幌に来てくれと言う。社協の意を袖《そで》にもできず、ニセコ町には遅れる理由を話し、札幌に入り昼食を共にし、明日の打ち合わせを済ませて札幌を出発したのが一時半頃。定山《じょうざん》渓、中山峠、真狩《まつかり》峠を通って、内地（本州）の人なら二時間半ぐらいと言われて慌てた。六時には札幌在住のボート部時代の友人三人と夕食をする予定になっている。一面真っ白の交通量の少ない中、スピードを上げて一気に走る。

三時過ぎに木造二階建てのニセコ町役場に着く。案内され二階に上がり、床張り廊下を歩き入った部屋が町議長の部屋。空いているときには使うそうだ。やがて逢坂誠二町長と片山健也《けんや》参事が入って来られ、片山参事に応対していただく。初当選三五歳の逢坂町長は議会で四面楚歌の中、町の活性化は「住むことが誇りに思えるまちづくり」に尽きると言い、目標として「町民と行政との情報の共有」「行政の透明性の確保」「住民主体の町政の実現」を目指す。六〇点主義でいい、やらない理由を探さずやってみる、広聴事業では現場に出向き住民と担当課長が討議を尽くす、町長を説得できずに何の課長か、子供たちに借金を残すな、要はヤル気――これらの言葉がポンポン飛び出た。（「まち・コミ」二〇〇五年三月号）

「外部からの力が必要なんです」

豊岡市出石《いずし》町《ちょう》鳥居地区に入り三月から市民農園で野菜づくりに励んでいる。昨秋の台風二三号で出石川が決壊、同地区は全世帯約三分の一の三七世帯が家屋全壊。一〇月三一日、神戸の仲間たちと家の中に溜まっている泥をかきに行った。道路のアスファルトがプカプカ浮いて流されていたり、墓石もゴロゴロと流されたりしていた。そのときのボランティア活動で区長の廣井《ひろい》昌利《まさとし》さんと親しくなった。そこからわたしと出石のつきあいが始まった。今年の正月には御蔵学校の講師として鳥居から廣井さんと消防団員の谷口《たにぐち》晃さんをお招きし、水害の実態とその後を語っていただいた。

そのときすでに市民農園の話を聞いていたのだが、高速道路（有料道路片道二〇〇〇円）を使っても二時間一五分前後かかり、下道を走ると二時間五〇分前後かかる。神戸には北区、西区にも農園はあります――と逃げていたが、「地元農民は水害後、心身共に疲弊しています。一〇年前の被災者が当地で農作業に励んでいる姿をぜひ見せてほしい。きっと元気をもらえます。これだけの被害から立ち直るには外部からの力が必要なんです」と、廣井さんからこうまで懇請されては立ち上がらざるを得なかった。

十数年前に脱サラし、有機農法一筋で田畑や果樹園をされている廣井さんの口をついて出る言葉には迫力がある。「食の乱れが社会の乱れに及んでいる」「医食同源、口に入るものすべて毒にも薬にもなります」「今、旬の良さを忘れかけています。すべては旬があります。つくりどき、食べどきがあるんです」「農薬は人にも害を及ぼします。できるだけ自然の勢いに任せます。旬の物を旬のときにつくるとその勢いで虫はつきません」など、その域に達した求道者のような雰囲気が漂い感銘を受けた。

素人集団ではあるが、三月に植えたジャガイモの収穫には七月半ばに神戸長田から大勢が繰り出し、地元の人たちに感謝の意を込めて収穫祭を行った。神戸から二十数名、地元から奥村忠俊《ただとし》前出石町長も加わり四十数名、夜半にまで及んで語り合った交流会は成功裏に終わった。もちろんジャガイモも豊作。自然の恵みである太陽や雨、そして豊かな土をどう使うかが問われている。大変なことに挑んだと、身の引き締まる思いだ。（「まち・コミ」二〇〇五年六月号）

やめてしまったら途切れてしまう

古民家の移築に関わり始めて、物の大切さを学んだ気がする。実際に手を使って作業をすることによって五感を鍛えられる。古民家の作業をやっていると、建物を建てた時代の先人の息遣《づか》いまでわかる気がしてくる。古民家の移築作業を始めたあとに畑に行きだしたのだが、土を触っていると、太古の昔から人が土地づくりにいそしんできたことを思うようになった。いま行っている出石《いずし》の畑は水害があった土地なので、畑にないはずの石まで紛《まぎ》れ込んでいる。作業をしていて鍬《くわ》にカチンと当たるのだが、「確かこんな石はなかったはずや」と思ったときに、「この畑は何百年になるやろうな」と考える。高度経済成長時代のたった何年かで化学肥料のためにバランスが崩れた土を、元に戻そうと努力をしている。

古民家で「物づくり」はしたけれど、「野菜づくり」というのは、もっと前の時間まで遡《さかのぼ》るものなのだ――と感動する。もしかしたら自分の年齢的なものもあるのかもしれないけれど、だんだんと土に還っていくような気がするのだ。土に触れていると、心が休まる。「いただきます」「ごちそうさま」が心から出てくるようになった。大雨や日照りが続いたら一喜一憂するようになった。いつの間にか忘れさっていたもの、人や物のありがたさや、誰かが何かをつくるときにしているしんどい思いの後ろにあるものが、少しはわかってきた。

去年は日照り続きで大豆は実が入らなかった。でも逆に黒豆が豊作になった。気象条件でずいぶん変わる。人間が征服できるものではない。今まで勤めた前半の人生が土木関係だったから、自然は征服できると思っていたけれど、とてもじゃないがそんなもんじゃない。今はもう「人間なんて、地球のほんの一部を借りて住んでるちゃうかな」と思う。

日頃、御蔵の人たちと話していると、震災の話が出てくる人と、そうでない人がいるとわかる。動いている人の話には出てくるけれど、動いてない人の話には出てこない。出てこないというより、動いていない人は否定する。「もう震災やないやろ」と。人それぞれの背景もあるから難しい。そこには、今の自分の生活がうまくいってないということもあるだろう。今の御蔵は住人が少ないから、商売がうまくいかない。人口は震災前の八割。同じ長田区のなかでも、山のほうは区画整理もかかっていないし被害も少なかったから人口が多い。ところが御蔵の人はかなりきつい局面にきている。それでも、まち・コミュニケーション（まち・コミ）に来てわいわいやっている住民のなかには、「震災があったから出会いがあったんや」と言う人もいる。「震災さえなかったら」と取るか、「震災があったからこそ」と取るかの違いなのだろう。

「みくら５」の集会所に掃除に来てくれている人の話を紹介しよう。その人の家は震災で残ったけれど中はグチャグチャになった。完全につぶれてはいなかったけれど、家の中に入れたもんじゃない。全壊に近い状態で逃げるのもやっと。だからその人は避難所に行った。二、三週間経ったときに、家が全焼だった人から「あんたのとこ家が残っとんのに、いつまでここにおるの」と言われたという。

家に帰っても住めない。戸も閉まらないし、開けっ放しで寝なきゃいけない。なのに「私は家が焼けたんやで」と言われて、腹立って避難所から出た。「住まれへん家でもええ、余震でつぶれてもかまへん」と思って住んだ。その人は、「もう二度と避難所には行きたくない」と言っていた。すべての人が避難所に行ったわけではない。親戚のところを渡り歩いた人もいる。復興誌の聞き取りでは、そういった切実な話はあまり出てこない。

まち・コミでは御蔵での修学旅行生の受け入れをやっている。住民のなかには批判もあるけれど、震災を語り続ける義務があると思って続けている。わたしの母親は横須賀で関東大震災に遭《あ》っている。地割れがしたとか、流言飛語があったとか、関東大震災の話をわたしが中学高校のときに何回かしてくれた。でもそれを聞いたときには、「神戸は地震ないのによう言うな」と思っただけで、あまり真剣に聞いていなかった。いざ自分が体験すると「しまった、あのときもっと詳しく聞いておけばよかった」と思った。

修学旅行生のなかに一〇人にひとりでも聞いてくれる子がいて、頭の中に何か残してくれたらいいと思う。語り継いでいく大事さがあると思う。やめてしまったら、途切れてしまう。わたしがそこで言っていることは、被災の仕方や避難の仕方は一〇〇人いれば一〇〇通りあるということ。避難所の話にしても全員が避難所に行っているのではない。わたしの話も事実のほんの一部でしかない――と言っている。（二〇〇六年一〇月、「震災が残したもの12」〇七年一月刊）

堺での不思議な出会い

今年一月末、堺市市民活動コーナーに「震災体験とその後」を語りに行った。一二人ほどのこぢんまりした対話形式の会で、得るところが多かった。ひとりのご婦人が自己紹介で「わたしは震災で西宮にいた妹と姪を亡くしました。西宮は被害がひどく、足を棒にして歩きさまよい、とっても大変で悲しい出来事でした」と話された。出席者は自治会関係者や建築系の人が多かったので、いきおい自治会や耐震補強の話になり、この方と話せず、会が終わって声をかけようと思っていたら姿を見失っていた。翌日どうも気にかかり、思い切って堺の事務局に、件《くだん》のご婦人に手紙を書きたいと伝えた。

六年前、禅文化学林《がくりん》＊近畿大会に誘われ、浄土真宗本願寺派西福寺《さいふくじ》（西宮市）の豊原大成《だいじょう》住職の話を聴き、耳に焼きついていた。震災当日、師は西本願寺（京都市下京区）の役宅を一〇時に車で出て、一七時に西宮の自坊へ戻るも庫裏《くり》、書院が全壊。八八歳のお父様、リウマチを患っておられた奥様、六代目にあたり鍼灸《しんきゅう》医をされていた娘さんの三人を亡くされていた。築九〇年、空襲も逃れ、床下補強もしていた本堂は無事だったが、六〇人余りの壇信徒の方が亡くなって、自分のことどころではなく、建前と本音の間を行ったり来たりしていた。

「家族四人のうち、わたし以外誰が残っても寺の復興はできないだろう。使命感と義務感で自らを鼓舞し、たくさんの人々の励ましを受けた。二、三ヶ月して花が咲いているのを見て悲しくなった。花は咲くが娘は戻らない。心にポッカリ穴が空いた状態が続いている」

高僧のこの述懐は私の心に響いた。このことをかいつまんで手紙にしたためた。さっそく返事をいただいて驚いた。なんと「豊原大成は私の義弟です。知ってくださってありがとう」とあるではないか。師の講演を聴き、堺に行き、住所を尋ね、手紙を書いた。それゆえ大きな感動があった。「震友」にして震災時の日本銀行神戸支店長・遠藤勝裕《かつひろ》氏いわく「論より行動」。(「まち・コミ」二〇〇七年七月号)

＊禅文化学林　全国曹洞宗青年会が主催する禅の文化を学ぶ会(「林」は「多くの人や物が集まる場所」の意)。

九三歳児島ハツ子さんのこと

去る四月一七日に亡くなられた児島ハツ子さんは、震災時、長田区の神戸村野工業高校(村工)前でお好み焼「初ちゃん」を営んでおられた。震災で家が倒壊し、高齢ということもあって商売に見切りをつけた。村工を避難先とし、次いで娘さん宅に身を寄せ、垂水《たるみ》のマンションを経て五年後、復興公営住宅御菅《みすが》第三住宅に夫婦で移られた。共同化住宅みくら5の一階のふれあい喫茶や食事会に、ご夫婦でよく来られ、それ以来のおつきあいだった。

途中でご主人が亡くなられ、ひとり住まいになって、何かにつけて声をかけ合っていた。飲食を共にしたり、キュウリの漬物も再三いただいた。いつも着物をキチンと着られ、背筋をピンと張ってさっそうと歩かれる姿は、どう見ても七十代だ。

「修学旅行生への語り部になって」と誘うと、「人前でようしゃべらんわ」と断られたが、無理やりに誘ったのにいつの間にか先頭を立っておられた。言葉も明瞭で、身なりの乱れた生徒に「これ！　でれっとせんとシャツを中に入れて、しっかりベルトを締めなさい！」と一喝。生徒も気迫に押されて素直に従っている。

語りのさわりは、震災直後自宅が傾き真っ暗な中での話。「二階のおじいちゃん（ハツ子さんのご主人）に声をかけたんですが聞こえないんです。しばらくして、すごい音がしました。階段が外れているのに気づかず、二階から落ちたんです。幸いにも階段下に積んでいたメリケン粉袋の上だったので助かりました。そのあと、どこをどうして逃げたんか。あとで知ったんですが、娘の家に行ったとき、おじいちゃんの足の裏にはガラスの破片がいっぱい刺さっていて、孫に取ってもらったそうです。痛かったやろにかわいそうでした」。

また、一七日の夜、ごった返す村工体育館一階では「懐中電灯がしょっちゅう光り、その都度ご遺体が二階に運ばれるんですよ。数の多さに二階が落ちないかと思いました」と涙ぐんで語られ、生徒の涙を誘う。生徒たちに感動を与え、バスを見送る際にはヤンヤの喝采を浴び、ハッちゃんは意気軒昂。

「健康に老いる」を地でいき、生き切る手本を示された。（「まち・コミ」二〇〇八年三月号）

旧安井邸の神棚

第六章　解散

昨二〇〇六（平成一八）年六月二九日、神戸市都市計画総局地域調整課担当者から、御蔵通五・六・七丁目町づくり協議会*会長であるわたしへ、「まちのにぎわいづくり一括助成事業*で二年間一〇〇〇万円の募集がある。今日、兵庫県に説明を聞いてくるので挑戦しては」と打診があった。そのあと担当者と連絡を取り合い、応募を決める。よく聞いてみると長田区だけでも新長田駅北地区、六間道《ろつけんみち》商店街、大正筋商店街、真野《まの》地区と、そうそうたるメンバーが競争相手だ。駄目元で急いで企画書をつくり、プレゼン用パワーポイントづくりにかかる。八月一〇日締切日に書類を提出、八月三一日に七分間のプレゼンテーション、九月二九日に無事通った。

*御蔵通五・六・七丁目町づくり協議会　それまで五丁目と六丁目で構成されていた町づくり協議会は、二〇〇三年に七丁目を加え「御蔵通五・六・七丁目町づくり協議会」に改組。一九九五年四月の旧まち協発足時より相談役を務めていた著者は、二〇〇一年八月より代表代行を務め、〇二年五月に会長に就任。

*まちのにぎわいづくり一括助成事業　阪神・淡路大震災復興基金を財源とする兵庫県の助成事業。《被災地域内に活動の本拠を置き、まちのにぎわいづくりを主体的かつ継続的に推進できると認められる団体》が対象。《地元調査の実施と、これを元にした復興誌の作成》《出石町（豊岡市）と連携した朝市の開催》などを含めた御蔵通五・六・七丁目町づくり協議会の提案は、一位（一二点）の新長田駅北地区東部まちづくり協議会連合会に次ぐ総評価点数一〇で採択され、一〇〇〇万円の補助が決定した。（参

考資料　兵庫県県土整備部復興局復興支援課『復興フォローアッププロジェクト「まちのにぎわいづくり一括助成事業」の審査結果』二〇〇六年）

ここに落とし穴が待っていた。地域の発展のため、今後はソフトを充実させ、住んでみたい御蔵を実現させたいと願っていたのだが、あに図《はか》らんや、自治会側からの猛反発が起こった。「まち協一部役員とまち・コミが住民の同意を得ずして高額の助成金を申請し、事業を勝手に推している。住民無視の行為にある。面的整備の終わった今、まち協もまち・コミもいらない」と。

一〇月二六日、自治会臨時総会を開くも、初めから排除の論理で話し合いにならない。自治会三役とまち協三役で会を持ったときに、信頼していた年輩の自治会副会長から「わたしは震災後ボランティアに一度も助けてもらっていない。だからボランティアも不要だ」と極言された。一人称でこう言われたらもはやこれまでと判断し、まち協役員を説得し解散に向かう。

一二月三日、なおわずかの望みをもって、まち協臨時総会で、まち協の会長を自治会長に兼任してもらう案と、助成金をまち協から自治会に引き継ぐことを提案するも、一切合切拒否され、助成金の辞退とまち協解散に至った。

わたしは今でも、これからのまちづくりは住民と行政、専門家のみでなく、中間組織としてのボランティア、そして他地域で起きている問題やその解決策を知る情報源としてのマスコミの力も、ソフト面での充実と実行のために必要と確信している。（「まち・コミ」二〇〇七年二月号）

ちょっとしんどい

二〇〇六（平成一八）年一二月、御蔵通五・六・七丁目町づくり協議会（以下まち協）は解散した。思うに、まち協の執行部とまち・コミが突っ走ってきたことに、住民たちの不満があったのだろう。しかし、まちを二つに割るわけにはいかない。まち協は解散し、これまでやっていた事業を自治会に引き継いだ。

自治会とまち協は、構成している人がかなり重なっている。ただ、まち協には不在地主が入っている。御蔵の土地は不在地主が持っているものが多い。その人たちの意見を聞かないとまちづくりはできない。一方で自治会には不在地主は入っていない。ここに住んでいる人たちが中心だ。

「まちのにぎわいづくり一括助成事業」の助成金をもらうことで意見が食い違った。まち協はこの一〇〇〇万円でいろいろ事業をやろうと思っていたのだが、「このまちに一〇〇〇万円はいらんやないか」というのが自治会側の考え方だった。結局、助成金一〇〇〇万円はもらわないことになったのだが、神戸市からは「使えるぶんだけでも使ってくれないか」と言われた。まち協では復興誌をつくりたいと思っていたから、自治会が復興誌をつくってくれるならそれに使ってくれれば——と思っていた。しかし、自治会の総会でそれも全部否定されてしまった。

今までずっと聞き取りをやってきた復興誌づくりは、頓挫《とんざ》してしまった。よそのまちでは、復興基金をもらって復興誌づくりをやっているのだが。

古民家の自治会館の管理も、去年の一二月から自治会に変わった。今、自治会からは、「自治会館に神棚やら仏壇はふさわしくないからどけてくれ、全部撤去してくれ」と言われている。「ピアノも、飾ってある市松人形もいらん」と。ピアノは一年に一回の調律費用がかかるからだそうだ。

自治会館にある神棚は、元々の家にあったものをそのまま復元している。原型復旧は元の持ち主との約束だ。取り外すと原型復旧ではなくなってしまう。「持ち主が二度と来るかわからへん」と言われてしまえばそれまでだけれど、それでは相済まん。神棚は大きく天蓋《てんがい》も付いている。なぜこんなに大きいのかと思って元の持ち主に訊《き》くと、あの古民家は北前船の乗組員の家だったという。北前船の乗組員というのは板子《いたご》一枚下は地獄。だから神を敬《うやま》うようになる。神棚の神札を見ると、真ん中のお社《やしろ》は金比羅《こんぴら》さん（金刀比羅宮《ことひらぐう》）が入っていた。四国の金比羅さんは、船の、海の守り神。そういうふうに話はつながっていく。そういう歴史的なもの、文化は、語り伝えなければいけないと思うのだ。自然崇拝もまた然《しか》り。子供たちにとっても教育になると思う。それを全部取ってしまうのはどうかなと思う。

今、いろいろと子供や親子の問題が起こっている。わたしはそのひとつの原因として、神仏や自然を敬う心がないことがあるのではないかと思っている。基本的な人の道、人倫というものがないがしろにされていると思う。それをどこから再生させていくかというと、神仏を敬うことが大事だと思うのだ。宗教というよりも、それ以前の道徳や倫理のことだ。

どうしてこんなことを言うのか。わたしは物をつくるということの大事さを、古民家の自治会館をつくったときによくわかった。出石《いずし》で農作業をして、さらに大きく理解できた。自然を相手に仕事をしていると、人智では計れないものがあるとわかる。たとえば、雨が続いてじゃがいもが腐った。今年の夏は逆に日照りが続き、黒豆が枯れて危うく死にそうになった。被害を極力少なくしようとして、土曜の晩に行って、ホースで水を撒《ま》くということを明け方まで寝ずの番でやった。しかし、畑が枯れて地割れしているので、水をやっても割れ目に水が吸い込まれ、なかなか満遍なく行き渡らない。やっぱり自然の力はおそろしいと思う。そんなことを、今年の夏は三、四回経験した。そうすると、自然の力を畏《おそ》れ、自分の力の足らなさをまざまざと思い知らされる。

まち協を解散することで、まちが二つに割れることを回避したつもりだったのだが、今度は「神棚もいらん、仏壇もいらん」という話になってしまった。自治会館には位牌もある。「阪神淡路大震災犠牲者の霊」と書いてある。個人の位牌ではない。わたしも、本来は位牌が自治会館にふさわしくないという理屈はわかっている。しかし、御蔵のまちには被災者に対するそれだけの思いもある。だから位牌があってもおかしくないと思う。毎年の慰霊祭でも、その位牌を動かして拝んでもらっている。「慰霊祭もいらん」と言われれば、それまでかもしれないが。

まちづくりをやるときには、賛成する人、反対する人、それぞれが必ずいる。よくわからずに反対派に同調した人もいるだろう。たとえば、以前に事業用仮設を使って福祉施設にするという事業計画が出たときには、最初は賛成のほうが反対の倍の数いた。そのときに押せばよかったのかもしれないが、無理に進めたくはなかった。それが失敗だったかもしれない。事業用仮設は神戸市がつぶしてしまった。「地主がそれを下取りする」と内容証明付きで神戸市に送ったのだが、無視されてつぶされてしまった。

まちづくりをしていく際には、多かれ少なかれ問題が起こる。ここ御蔵だけではなく、どこにでもある。でも、ここはわたしに対する怨嗟《えんさ》もあるのかもしれない。わたし自身、地震が起こる前は自治会にも出てないし、まちづくりなんてやったことがなかった。非常時だったのでやり始めたのだけれど、活動しすぎたのかもしれない。そういうわたしが新しく表に出たことによって、今までの人たちは「ないがしろにされた」と思ったかもしれない。〝新興勢力〟にやられたら、やっぱり面白くないだろう。それも、まちの人がやるのであればまだいいけれど、ボランティアを連れて外の人間がやっている——と取られている。それでも、わたしはボランティアがいなかったら、ここまでまちは復旧していないと思うのだが。

まちのある人は、「もうボランティアはいらない、自分はボランティアには一切世話になってない」とも言う。わたしが「いや違うやろ、神戸市民はずいぶん世話になったやろ」と言っても聞く耳を持たない。またある人は、「あのときのボランティアは良かったけれど、今のボランティアは何をやっているのか見えない」と言う。

たしかに、今のまちづくりボランティアの活動は、やっている内容が地震直後とは違う。これだけ時間が経ってくると、動きどころ、落としどころ、勘どころが違ってくる。それが周りからはわかりづらいのだろう。

わたし自身はこう思うのだ。区画整理というものは一気にできてしまう。でも、まちというものは、一〇年二〇年という長い時間をかけて、ぼちぼち直していくものだろう。真野地区などは四〇年かけて、どれだけ新しくなったかといえば、ほんのわずかだ。だけど御蔵は一気に変わってしまったから、人心も乱れているような気がする。人の心が著しい変貌についていってない。

まち・コミュニケーションやまち協は、「御蔵を魅力的なまちにしたい。そうすれば人が帰ってくる」と思ってやってきた。今は三分の二しか帰ってきていないけれど、あと三分の一も埋まってくるだろう――と。そのために古民家の自治会館を使っていろんなイベントをしてきた。少しでも文化の香りがする場所にしたいと発信してきた。

しかし、わたしの考えと異なる人たちは、「自分たちだけでできることをやったらええ」ということらしい。「このままでええやんか。助成金をもらう必要はないし、よそのまちと関わる必要もない。だから出石に行く必要もない」と。我々は、できる可能性とそのタイミングが来たときにはやろうと思っている。「できることをやろう」という考え方の意味が違うのだ。そこにズレがある。「できること」は、やってみなければわからないことであって、やっているうちに、やれることの幅がどんどん広がってくる。そのことを、わたしは震災後のまちづくりのなかでボランティアに教えてもらった。たとえば古民家移築の話も最初は「とんでもない話」と思っていたが、やってみたらできた。そうしたら、次から次に新しい展開ができた。やらずに「できない」と言ってしまえば、後悔しか残らない。自分でやれる能力と機会があり、それをするタイミングがきたのにやらないのは「悪」につながると思うのだ。

今回、まちづくりの動きは少しストップすることになるが、それがまちづくりというものなのかなとも思っている。順調に行けばそれにこしたことはないが、実際は行きつ戻りつなのだろう。反対する人がいるかぎり、その人たちの意見も聞かなければいけない。これからもわたしは出石にも行き続けるし、できることはやるという姿勢は変わらない。自分にできる能力と機会があれば、どんどん動いてやろうと思う。

人生は一度きりだから、有意義に使いたい。そうやって動いていたら、いろんな縁ができる。人との出会いは無上の喜びだ。そんな出会いは自分が動いているからあるのであって、動いてなければないだろう。望まれればどんどん動いてやろうという気持ちはまだまだある。

この先も、自治会との連携の可能性はあると思っている。それが二年先になるか三年になるかはわからないが、やはり、まちのなかに賛同者が少ないというのはさびしい。

神棚やら仏壇をどけてほしいという文書には、自治会の役員と自治会館運営委員会からとしか書いていない。しかし、自治会の財産の処分に関しては、総会でなければ議決できない。この話を住民全部に知らせたときに住民がどう思うかだろう。「ほんとうにそれでいいのか」という問いかけをしていこうと思う。これからも、まちの人たちと話していく。理解者を、賛同者を得ていこうと思う。

このままではこの先、御蔵は過疎状態に近くなってしまうだろう。だから活性化させなければいけない。たとえば福祉施設を持ってこようとしたことも、古民家を使って人を呼んだり、空き地を埋めようとしたりということもそのひとつだったのだ。その意味を地域の人が理解してくれなかったら、ちょっとしんどい。それでも、その人たちを含めてまちはある。無視はできない。世の中は自分ひとりで動いているものではない。あと一〇年経ったときに、地域の人がどんなふうに思うかだろう。まちの人みんなに合わせてやっていかなければいけない。

まちづくりのスピードを、これまでトップにギアを入れていたものをセカンドに落とす感じで減速する。ただ、手をこまねいて何もしないのとは違う。出石にも行くし、一昨年（二〇〇四年）に起きた新潟県中越地震の復興の支援に行っている人とも連絡を取っている。外にも目を向けながら、なおかつ内にももういっぺん活力を溜める。今は知恵を生み出すものを培養する、そういう時期だろう。このまちのなかでは止まっているけれど、止まりながらも考えている。

（二〇〇七年一〇月、「震災が残したもの13」〇九年一月刊）

まちがギクシャクしているのは

二〇〇八（平成二〇）年四月六日に、自治会総会が開かれた。だが件《くだん》の撤去問題は進言したにも関わらず、議題に上らなかった。

過去一二年余りまちづくりの活動は、まち協役員とまち・コミが手を携え、行政をあてにしないで、小さくとも独自の特長を持って実践を通してきた。自分たちのまちを住んで楽しいまちにするため、互いに汗をかき続けようと、各種のイベントは言うに及ばず、共同化住宅の研究をし、みくら5として完成させた。

古民家移築の集会所も完成させた。古民家では、河内音頭のプロデューサー橋本正樹さんの応援をいただき、御蔵百聞くらぶと銘打って、赤テントの唐《から》十郎さんと演劇評論家の九鬼葉子さんのトークショーを皮切りに、河内音頭の鉄砲光丸《みつまる》さんと橋本さんによる音頭の起源を語るトークイベントと踊りの実演、版画家の岩田健三郎さん、カメラマンからカワラマン（淡路島に移住し瓦職人となった写真家）山田脩二《しゅうじ》さん、作詞家のもず唱平さん、精神科医の中井久夫さん、在ブラジルの女優・丹下セツ子さんによる当地の大衆演劇、朝日放送ラジオの長寿番組「おはようパーソナリティー」アナウンサーの道上洋三《どうじょうようぞう》さん——多くの文化人をお招きした。また歌手の李浩麗《リコウレイ》さんによる唱歌と叙情歌の会は十数回を数え、それぞれ新たなる発見に、楽しいひとときを過ごした。

共同化住宅と移築古民家という二つのハードと、それに関わるソフトの数々は、まち・コミと一部住民のボランティア精神なしには、到底不可能であった。「こりゃおもしろいで」と思ったら即実行に移す。ネットワークをフル活用して共鳴してもらう。まちづくり運動は終わりがない。まち協はなくなったが、まちづくりは動いている。お金はないが、頭と身体を使って汗をかき合う。今、まちがギクシャクしているのは、最初に道路や公園などのハードウエアありき――という都市計画によったことにあるような気がする。まちは、まず人がいて次第に集まりができ、それから形成されるものだろう。大切なのは中身の人間だ。いかに楽しく、住んで面白いかを追求したいと今でも思っている。（「まち・コミ」二〇〇八年五月号）

「わからない」ことへの耐性

これを書いていると、自治会の某氏がやって来た。「（御蔵北公園の）鎮魂モニュメントのタイムカプセルの中に、今、自治会館の仏壇にある位牌を入れられないか。図面でタイムカプセルの径はわかっているが、中に何が入っているのか教えてほしい。今の役員で知っている人がいなくて、わかっているのは田中さんだということで来た」と。

「白木の位牌が真ん中に入っていて、周りにご遺族が持って来られた小さな遺品が少しと、ご遺族持参の写経と、写経の会で集めた写経が入っている。しかし、位牌がカプセルの中に入っているのと、それとも従来通り仏壇にあるのと、どっちが座りがよいとお考えか聞かせてください」と話したが、「わたしにはわからん、役員会ですでに決まったことだから」と譲らない。「どうしたら入るか、それを聞くのがわたしの役目。役員会で決まったことだから」と重ねて問われ、そこから一歩も引かぬ態度にわたしのほうが根負けして「今、仏壇にある位牌の寸法は正確には知らないが、台座の部分を外し、白木の位牌を傾ければ多分可能でしょう」と答えていた。答えながら、ずいぶん乱暴な話をしているなと気づいたが……。

最近の社会は「わからない」ことへの耐性が弱まっていると聞いたが、まさにその通りだ。せっかくいただいたものの扱いがこれでは、さびしい限りだ。贈り主に対する思慮はないのだろうか。区画整理によるあまりにも急激なまちの変化に、心が追いついていない。何かに不安を感じると、相手のことをみじんも斟酌《しんしゃく》することなく、手段を選ばず、徹底的に追いつめ、追い落としてしまう。その行為の善し悪しにさえ気づかないのか、気づこうとしないのか。

このような論争からは何も生まれない。人間の性というものがこれほどのものとは思いもよらなかった。

震災直後から、熊本県は天草から二十数回にわたり自弁で法話に来ていただいた地蔵院・荒木正昭《せいしょう》和尚からは再三「とらわれない、とらわれない」と、執着心が喧嘩の元になることを教わった。また相田みつをさんの「幸せは人間の心が決める」、心の位置をどこに執《と》るのか解説された「おごるなよ、おごるなよ、月のまろきもただ一夜*」など、多くの言葉を聞いた。

今年に入って埼玉県川口市の光音寺《こうおんじ》・小林眞悟和尚から「主張の強い相手を理解するためには、まず話を聞く。聞いて聞いてさらに聞く。理解できないことに対しては質問して訊《き》いてみる。こちらを理解してもらうのではなく、こちらが相手を受け入れる姿勢を持つことが肝心ではないか。まず『相手の存在を認めて尊重し合う』ところから始めないと、良い交流ができないと存じます」と含蓄のある便りをいただき考えさせられていた。

島根県安来《やすぎ》市広瀬町《ちょう》の洞光寺《とうこうじ》・池上幸秀《こうしゅう》和尚には「確かに世の中思うようにならぬのが常でありますが、人と人のつくる世の中ですから、温かい心があれば善い方へ向かっていくことを信じ切って生きたいと思います。大切なものは目に見えないものが多いのですが、何しろ自分自身で気づかなければ心は動きませんから……」と、これまた貴重なお手紙をいただいた。

荒木和尚の連続法話は、プレハブや御菅の公民館で始まり、どれだけ被災者の皆さんに元気や勇気や癒《い》やしを与え続けられたか計《はか》り知れない。被災後のともすれば重く暗くなる心を軽くしていただいた。小林和尚、池上和尚のお手紙はあまりにも神髄を突いていて、わたしひとりにはもったいなくて、皆さんにもご披露させていただいた。（「まち・コミ」二〇〇八年七月号）

追記――宙に浮いた位牌は、最初の慰霊祭のときから御蔵に来てくれている丹波の観音寺・

平岩浩文《こうぶん》住職がお引き受けくださり、毎年一月一七日の慰霊祭にお持ちいただいている。

＊月のまろきもただ一夜　江戸時代の臨済宗禅僧・画家、仙厓義凡《せんがいぎぼん》のものとされることば。

市民農園で実った玉葱

第七章　まちに生きる

「今度は我々が加勢して」

台湾淡水鎮《タンスイチン》での古民家移築が佳境に入っている。福井県大飯町岡田村（現・おおい町岡田）で四週間の合宿解体をして丸五年。当時台湾から五人の助っ人が加わり、日本の若者が大いに刺激を受けた。参加したボランティアは延べ約一二〇〇人。日本語、英語、中国語が専門用語を交えて飛びかう中、誰ひとり怪我することなく成し遂げ、最後に誰言うともなく「今度は我々が加勢して台湾で建てよう」と。若者の意気に打たれて台湾での土地探しに悶々として四年が経過した。

昨夏、淡水鎮長（市長）蔡葉偉《サイヨウウエイ》さんから「和平公園の一角に特別な記念性建築として受けよう」となり古材の贈呈式を行った。今年二月に地鎮祭を行い、五月に業者が決定し、古材が現場に運び込まれ、丹波の斉藤賢次、細見学両棟梁が六月八日より渡台し、刻み*にかかり、七月に入って阿波の宮田建築設計工房宮田育典《やすのり》社長、大工の森田義さんと曽江琢己さんが助っ人として旬日を費やし七月一〇日に上棟式を行う。台湾の学生ボランティアらも一日最大二六人も工事に関わった。

今は左官の渋谷光延親方が弟子の木山典子さんを率いて出張り、日本から応援の専修大学の斉藤久美子さん、信田愛美《しんたまなみ》さん、少し遅れて参加の神戸大学の貫名《ぬきな》智くん、解体時一五歳の少年であった明石高専専攻科の秋田陽平くんが入っている。これに盆明けに専修大学大矢根淳《じゅん》先生を筆頭に、宮下真優奈さん、尾田佳南子さん、天野舞さん、川島健太郎くん、吉村仁くんの専修大生が加わる。まち・コミ代表の宮定章《みやさだあきら》くんは常駐で中国語、日本語、英語を駆使して学生と一緒に汗をかいて完成を目指して懸命だ。

できあがった空間には水上勉《みずかみつとむ》文庫、陳舜臣《ちんしゅんしん》文庫*も入ることになっている。台湾の学生ボランティアが日本の棟梁や大工さんから日本の伝統工法である軸組工法、刻みや規矩《きく》術*、継ぎ手*、仕口《しぐち》*、そして左官さんから土壁、漆喰《しっくい》上塗の左官工法、小舞編《こまいあ》みや、壁土に藁《わら》をすき込んで腐らす意義を教えてもらっている。これぞ真の国際文化交流だろう。水上覚治《かくじ》棟梁若き日の作品が日台の協力のもと九〇年を経て再度花を咲かそうとしている。環境重視の二一世紀、市場経済に乗らないがゆえに価値あるものと思う。（「まち・コミ」二〇〇九年七月号）

＊刻み　建築現場で木材に墨を付け、鋸《のこぎり》や鑿《のみ》を使って手作業で加工を行う工程のこと。手刻み。
＊陳舜臣文庫　著者は台湾への古民家移築に際し、神戸と台湾双方にゆかりを持つ作家・陳舜臣氏の文庫も開設したいと考え、二〇〇八年八月、神戸市内の陳舜臣氏宅を初訪問し快諾を得た。
＊規矩術　指矩《さしがね》を使い建築用木材に工作用の墨付けをする技術。「規」はコンパス、「矩」は物差しのこと。
＊継ぎ手　木材を長さのある向き（長手《ながて》）で結合する方法。
＊仕口　木材に角度を持たせて継ぐ加工方法。

おかげで仲良しになった

去る八月九日、熱帯低気圧から発達した台風九号が兵庫県西部の佐用町《さようちょう》を襲った。午後八時から二時間で一四〇ミリの記録的ゲリラ豪雨。二四時間雨量で三二六ミリという。

佐用町の「ほほえみ会」*井口美子《よしこ》会長のグループとは、震災直後の御菅地区におにぎりを支援していただいて以来深いつながりを持っている。夏まつりでの野菜支援、冬の餅つき支援など、はては台湾被災地めぐりにも大勢参加していただいた。我々のほうからも毎年恒例行事で蛍狩りに通っている。トライやるウィーク*で佐用の四人の少年を受け入れたこともある。

八月一三日、泥かきボランティアに行くことに決め、水が出ないとの情報を入手していたので、朝五時前から三升のご飯を炊き、梅干しやしそ入りをラップに包んで握り、持参した。朝六時過ぎに出発、一部渋滞もあったが八時過ぎには佐用に着いた。男性は泥かき、女性はおはぎ七〇〇食づくりに分かれる。

一日の作業が終わり汗と泥を流すべく佐用の温泉につかっていた八時過ぎに呼び出しを受ける。「食中毒が出た。すぐ戻れ」と。我々が持参したおにぎりらしい。早朝からわたし自身も握っていた状況を思い起こしてもまったく腑《ふ》に落ちない。現場に戻ると救急車のランプが回り、人だかりがある。二、三質問を受け、すぐ交番に移動し、事情聴取となる。最初は消防と警察、そのあとは保健所と役場。持って来たまではわかるが、その後どう経緯をたどったのかはわからない。近所の人が応援に来てくれ「この人たちは一所懸命泥かきをやってくれた。何も悪くない。うちの息子は昼にこの握り飯を四つも食べたが何ともない。年寄りが食べたのは夕方五時や六時やったんや」と。

被害者は高齢者、そして水害から四日たって疲れがピークに達している。水も出ないし衛生状態も悪く、真夏に長時間の保管では限界がある。犯人扱いされたが二三日、三〇日と通って泥かきをした。おかげで佐用町平福《ひらふく》地区の井上淳一区長さんはじめ多くの人たちと仲良しになった。（「まち・コミ」二〇〇九年九月号）

＊ほほえみ会　一九七三年、佐用町の農村地域の女性を中心に、農家の生活をより快適なものにするために結成されたグループ。転作田を活用した緑黄色野菜の共同育苗、地域の特産物を原材料とした加工品づくり、朝市の開催、道の駅での直売所運営などを行っている。二〇〇八年、日本農林漁業振興会会長賞受賞。
＊トライやるウィーク　一九九八年から兵庫県下の公立中学校二年生を対象に実施されている地域社会での体験学習。

「だってあたりまえのことでしょう」

一〇月四日、佐用町《さようちょう》平福の保育園で復興まつりをするので来ませんかと誘いを受けていた。実はこの一ヶ月帯状疱疹にかかり痛みで閉口していたが、ちょうど名古屋の社会福祉法人AJU自立の家*の水谷真《みずたにまこと》さんから「車椅子を利用する重度障害者と一緒に、佐用の車椅子利用者を訪ね、水害時のヒアリングをしたいのでつないでほしい」とお声がけいただき、「ほほえみ会」の井口美子さんに窓口役をお願いし、当日平福へ行ったのである。

おまつり開始前に一九二七（昭和二）年生まれのご婦人を訪ねた。脚が不自由になって電動の車椅子を使っておられる。一年前にご主人を亡くされ、それから二人の娘さんが交互に来てくれているという。水害のときも西宮から娘さんが来られていて、気がつけば、すでに家の中に水が入り床上浸水まであっという間だった。慌てて位牌を持って娘さんと二階に這い上がるのがやっとだった。二階では窓越しに、隣やお向かいと大声で励まし合ったという。「それにしても、わたしひとりだったらと思うとぞっとします」と。

保育園で復興まつりを一緒に楽しんだあと、地区の民生委員の方《かた》を訪ねた。地区は一三〇世帯あって、受け持っている高齢者世帯や障害者の方は約四〇世帯ある。幅員六メートルの道路が川になったそうだが、午前二時頃その水も引き雨もおさまり、もう大丈夫と思えたのでこの四〇軒をすべて訪ね歩いたと話された。あれだけの洪水があって、道路に流木が流れ出した恐怖感は抜け切っていないだろうに「よく出て行かれましたね、怖くなかったですか」と問うと「だってあたりまえのことでしょう。誰だってしますよ」と答えられた。一睡もせずに朝七時には先に留守だったところを再訪問され、各自治会長と連絡を取り合った——と。

まったく身の引き締まる思いがし、我が身を振り返った。旧因播《いなば》街道の宿場町平福でまたすばらしい人に出会えてうれしかった。それにしても高齢者の独居や、高齢者夫婦だけの世帯が多い現実に我々は目を背けていないだろうか。（「まち・コミ」二〇〇九年一〇月号）

＊ＡＪＵ自立の家　一九九〇年設立。障害者自身が運営する「わだち作業所」をはじめとする自立支援事業を運営。阪神・淡路大震災の際には、被災障害者を名古屋に受け入れて支援するなど、防災関係の活動も継続的に行っている。

何かが欠けている

九月半ばに当社兵庫商会の主要な得意先の修理工場が倒産した。お互いに創業一九四六（昭和二一）年で敗戦直後の黎明期以来、共に手を携えて地元で自動車産業の発展に尽くしてきたもの同士で、彼のほうは三代目で当方は二代目だ。わたしの歴代自家用車の購入、車検、スポット修理などすべての面倒を見てもらっていた。九月一二日土曜日も注文を聞いていたので、調達した部品を一四日月曜日朝一番に届けに行くと閉まっていて、門扉に貼り紙あり、「御用の方は○○弁護士事務所へ」と電話番号併記の簡単なものがあるのみ。社員の方々もしばし呆然《ぼうぜん》自失の状態であった。錠前は変えられていて中に入れない。何がなんだかわからないと言う。

お互い創業以来六十余年二代三代とわたっていい関係でつきあってきた。今まで一度だって金銭トラブルや遅延の要請はなかった。修理業界でも名門中の名門で、四十路を過ぎた三代目社長は業界の次期リーダーとして嘱望されていたし、人望も高く評価されていた。わたし自身も礼節の正しい彼はまだまだ飛躍するだろうと思っていた。修理や板金に対する部品は当社が供給していて、相手先はエンドユーザーにいい得意先を多く持っていた。入庫車数も多く、広い工場には常に多くの車が入っていて職人が遊ぶ暇なくいつも忙しく仕事をしていたので、修理や板金以外の原因に違いない。結果がある限り原因があるはずなのだが不思議だ。

二代目が亡くなり三代目に引き継がれて数年、この間に彼は一体何を学んだのか。わずか一日二日で得意先、仕入れ先、社員のすべてを裏切ってしまうものだろうか。倒産や破産は何度も遭遇しているが予兆は知れるところで、今回のようなことは初めてだ。何かが欠けている。社員とその家族が路頭に迷うことになった。今年は身近にリストラされた話や倒産話を多く聞く。もう一度商売の原点に戻り気を引き締めなければならない。（「まち・コミ」二〇〇九年一一月号）

旬のものを食べよう

二〇〇九（平成二一）年の一一月二二日、玉葱《たまねぎ》の苗約一万四〇〇〇本を総勢七人で植え、一二月六日にその欠株《けっかぶ》を補植し、これで今年の農作業はすべて終わった。今夏はまち・コミ代表の宮定章くんが六〜八月のほぼ三ヶ月、台湾での古民家移築作業の陣頭指揮を執《と》り日本を留守にしていた。わたしも盆休みは台湾での作業に加わり、その前後にゲリラ豪雨に襲われた佐用町に泥かきボランティアに通い、出石《いずし》の農園がすっかり手薄になった。

秋の丹波黒豆の収穫は無惨なものとなった。雑草の中に黒豆の枝があり、それでも雑草と競い合い、負けてたまるかと悲壮な声が聞こえそうなぐらい雑草をしのいでいる枝もたくさんあった。一方、雑草に競り負け、低迷し小さくなった存在感のない枝もまた多く、敗北感が漂っている雰囲気には心が痛んだ。自然の節理が働いているのか、人間の英知の届かないところで神秘的な気配がして感傷的にもなった。

出石通いが途絶えた言い訳はしたくないが「畑は人の足音を聞きたがっている」とは、けだし名言だ。天候にもよるが、やはりどれだけ畑に愛情を傾注できたかの問題だろう。畑の野菜の育ちは子育てとまったく同じで、どれだけ真剣に向き合えたかだ。皆様にもっと丹波の黒豆を食べてほしかったが、去年の半分以下の収穫ではいかんとも仕方ない。悔しい思いでいっぱいだ。但馬《たじま》の美しい森や山や川、そして海へと流れる水。豊かな大自然の中での畑、玉葱の苗を植えながら、よしやるぞ、来年こそは！　と念じていた。来年を期待していただきたい。

但馬の有機農法はかけがえのない役割を果たしている。食は命なり、口から入るものは医者でもあり薬でもある。医食同源、身土不二《しんどふじ》*、農家の方が心を込めて育てた旬のものを食べよう。来年も出石産直の玉葱、じゃがいも、黒豆等々をよろしくお願いしたい。（「まち・コミ」二〇一〇年一月号）

*身土不二　「身体と土の二つは切り離せない関係にある」という仏教の教え。明治時代の陸軍軍医で「食育」の提唱者・石塚左玄《さげん》の弟子たちが「その土地で旬の時期にとれたものを食べるのが健康に良い」という意味で用いたことば。

職人さんと学生の交流

台湾に渡った水上勉《みずかみつとむ》さん縁《ゆかり》の古民家が淡水鎮《タンスイチン》の和平公園の一角に「一滴水《いってきすい》紀念館」としてできあがった。

福井県大飯町（現・おおい町）で解体して五年余り、仮置きしていた氷上町《ひかみちょう》（現・兵庫県丹波市）木材センターの倉庫からワンハイ*のコンテナに積み込み神戸を出港してから四年、そして台湾

９２１地震から一〇年を経ていた。この間台湾の畏友、邱明民《キュウメイミン》（ボランティアグループ「台湾希望工程協會」代表）さんはじめ多くの台湾の友人たちとの交流は希薄になるどころかかえって広がり、深まりを持つようになった。

その間に我々日本側も、太平洋戦争末期に神奈川県の高座《こうざ》海軍工廠《こうしょう》で一三歳から二〇歳までの台湾本島人少年八〇〇〇人余りが「雷電」という高性能の戦闘機をつくっていたことを知った。大半は小学校を卒業したばかりの少年で、日本で働きながら勉強すると中学校や専門学校卒業の資格を得られるとの条件に魅せられ、厳しい試験を通って、夢を抱いて来た人たちだ。敗戦と共に約束を反故《ほご》にされ、中には病に倒れ、空襲の犠牲になり、故国に帰れなかった人もいた。この五年がなければ高座海軍工廠を知ることはおろか、当時の教官である日本の一技手が私費を投じて善徳寺（神奈川県大和《やまと》市）に建立された慰霊碑に参ることもなかったであろう。わたしの中で台湾は深耕している。

移築作業に当たった日本の大工や左官、それに学生ボランティアと台湾の職人さん、学生ボランティアの交流もすばらしいものだった。ひとつの目標に向かって、毎日汗を流し合い、指導するほうも指導を受けるほうも真剣そのもので、身振り手振りでいつの間にか心が通い合い意思の疎通もできるようになってくる。ときに叱られ、ときに「よくやった」と褒《ほ》められ、自分が役立っている、自分の存在を喜んでもらっていると実感できる喜び。また指導者も質問されることによって慕われていること、絆を感じ、信頼の根拠になり、達成感はお互いに無上の喜びとなっている。(「まち・コミ」二〇一〇年二月号)

＊ワンハイ　一九六五年創業の海運会社「萬海航運(WAN HAI LINES)」。與長榮(EVER GREEN)、陽明(Yang Ming)とならぶ台湾三大海運会社。

医療費がかさむ見本になって

若い頃から還暦を迎えるまでほとんど医者いらずで、天引きされる健康保険料の高さに不信感を持っていた。五〇歳を越え歯医者には四年に一回行くぐらいで、丈夫に生んでくれた両親に感謝していた。歯痛もそれまでは三日も辛抱すれば痛みに慣れるのか感じなくなり、治った気になっていた。風邪もほとんどひいたことがなく、風邪気味かなと思えば八時間以上睡眠を取れば翌日はケロリとしていたものである。腹痛なんぞは食事を一食二食抜けばすぐに治った。

よってわたしの目からは風邪で仕事を休むなんて論外であった。若い人が医者に注射を打ってもらいに行くなど考えられなかった。「風邪など日頃の不摂生がたたっている。睡眠を十二分に取れ。休むなんてなまくら以外の何物でもない!」と広言《こうげん》を吐いていた。

それがどうだ。六〇歳を境に風邪を引いても二週間、三週間と長引かせるようになった。震災時五五歳で走り回り、五年目の還暦を前に左顔面麻痺をやった。脳血管障害かと思い、その方面の専門病院に行って外科的治療を受けステロイド注射を短期間受け、同時にリハビリにも通った。当初四ヶ月と言われたが二ヶ月足らずでリハビリから脱出した。その間、整体がいいと聞けば整体に通い、水飲み健康法がいいと聞けば水を毎日二リットル以上飲んだ。家では「アー、エー、イー、ウー」と口をひん曲げて大声を上げていた。

次は六三歳、会議の途中やにわに立ち上がり体操をしだしたときに気を失って倒れた。その前日福岡で祖母の葬儀があり、二、三日寝不足が続いたのでそのせいと思ったが、三年後にまた一瞬だが気を失った。精密検査の結果ブルガダ症候群*による除細動器埋め込みとなる。その一年後は鼠径《そけい》ヘルニアの手術をする。この一年に二度も無灯火の自転車を引っかけそうになった。白内障の手術が目前に迫っている。高齢者の医療費がかさむ見本になって気が滅入っている。（「まち・コミ」二〇一〇年六月号）

＊ブルガダ症候群　突発性の心室細動により心停止状態となって失神し、突然死に至る場合がある心臓病。

老台北こと蔡焜燦さんと唄う

去る七月二四日、台日交流古民家完成体験ツアーが行われ、完成した台北縣《タイペイ》（現・新北市《シンペイ》）淡水鎮《タンスイチン》の古民家に関わった大工さんや長田の震災被災者、まち・コミメンバー及び先生方総勢一八名と台湾側のボランティアや関係者が大勢集まり、盛大な交流会を行った。

工事中の前庭で日本から小森宰平さん（このツアーの発起人、元・神戸新聞記者）が持参した鯉のぼりを掲げた。淡水鎮長（市長）の蔡葉偉《サイヨウウエイ》さん、台湾の企業家・蔡焜燦《サイコンサン》さん、小森さん、わたしも一緒にロープを引っ張った。蔡焜燦さんとは、司馬遼太郎さんの名著『街道をゆく――台湾紀行』の水先案内人としてかの有名な老台北《ラオタイペイ》その人である。

老台北さんは突然大きな声で「甍《いらか》の波と雲の波　重なる波の中空《なかぞら》を　橘香《たちばなかお》る朝風に　高く泳ぐや鯉幟《こいのぼり》」「開ける広きその口に　舟をも呑《の》まん様《さま》見えて……」と途中まで唄《うた》って「君《きみ》歌えよ俺は忘れた」と言わんばかりに見つめられた。こっちだって幼い頃、兄が唄っているのを聴いてのうろ覚えで、人のあとをついては唄えても歌詞は覚えていない。慌ててランランランラララララランと調子を取っていたら、老台北さんも一緒に口吟《くちずさ》んでいた。しまった！　これが許されるなら一同で稽古して披露すべきだったと後悔しきり。

さて部屋に入ってわたしは「解体から今日まで六年の紆余曲折は決して無駄ではなかった。

昭和一八年、八四〇〇名余りの選ばれた少年たちが、台湾から神奈川県にあった高座《こうざ》海軍工《こう》廠《しょう》に来て戦闘機雷電をつくっていたことを知っただけでも価値のある六年だった」と挨拶したら、老台北さんの挨拶で返ってきた。「私は少年工の試験に落ちて少年航空兵で奈良航空隊に入り、戦後帰台するまでの一時を京都の美山町《みやまちょう》（現・南丹《なんたん》市）で炭焼きをしました。田中さん、少年工が台湾万葉集でこう詠《よ》みましたが知っていますか。『北にむき年の初めの祈りなり心の

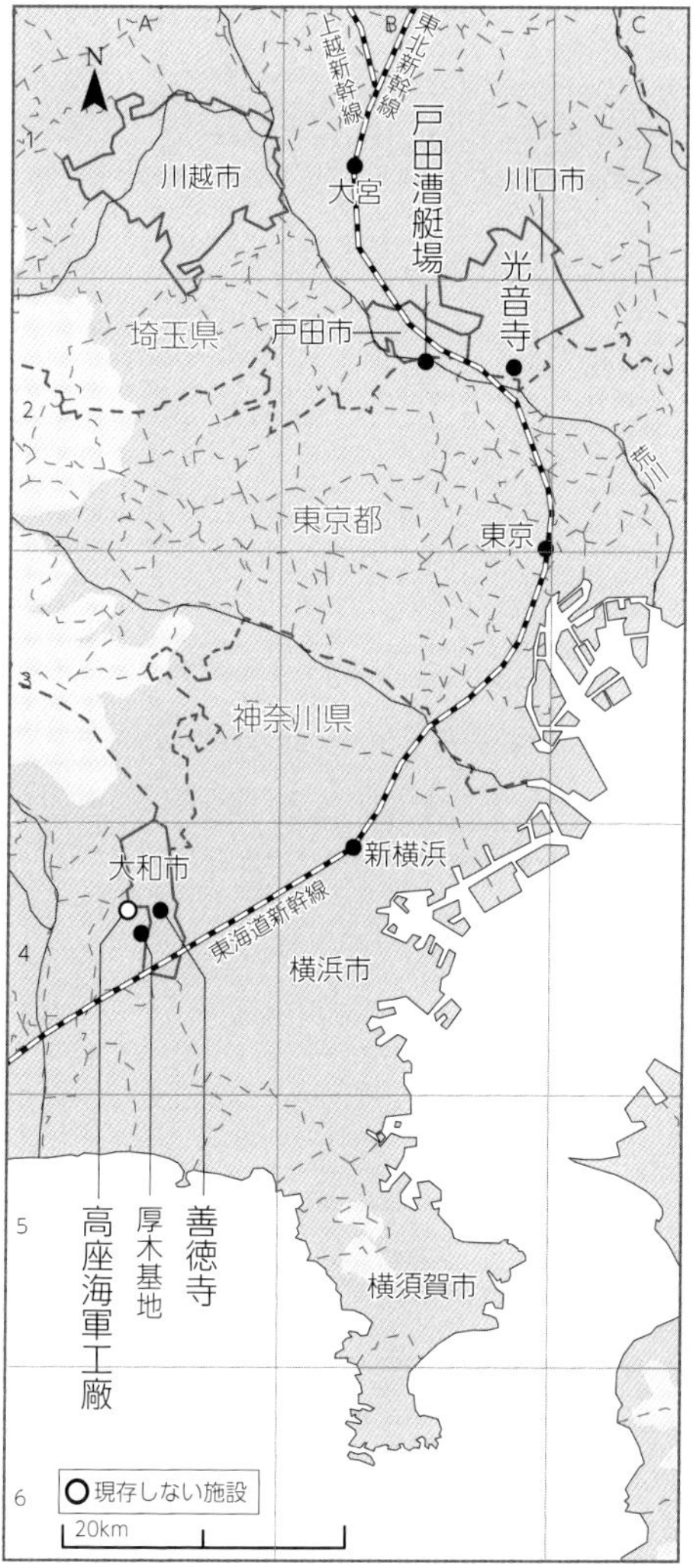

図7-1：関東地方（神奈川県、埼玉県）略図

祖国に栄あれかし』」と。作家の阿川弘之さんが感涙した心の祖国の歌だ。老台北さんの日本に寄せる思いが切々と伝わってくる。「高座日台交流の会」会長の石川公弘《きみひろ》さん*からはもうひとつ聞いていた。「朝夕にひたすら祈るは台湾の平和なること友の身のこと」。悔しいことにその場で思い出せなかった。（「まち・コミ」二〇一〇年八月号）

＊「高座日台交流の会」会長の石川公弘さん　石川さんは元大和市市議会議長。高座海軍工廠寄宿舎舎監であった父とともに戦中期を高座工廠で育つ。元少年工たちの親睦組織「台湾高座会」と日本の交流の中心人物。著者は二〇〇五年年末のＮＨＫ「ラジオ深夜便」で石川さんが語る「台湾少年工との六〇年」を聴き感銘、善徳寺（神奈川県大和市）に建つ「戦没台湾少年之碑」を訪れたのち、石川さんに手紙を書き知己を得た。

陳舜臣さんとの台湾の旅

一一月四日に訪台したまち・コミュニケーションの宮定章くんとわたしは、台湾のボランティア仲間邱明民《キユウメイミン》さんを交え、翌五日昼過ぎ、台北《タイペイ》空港に陳舜臣《ちんしゆんしん》ご夫妻と、ご長男で写真家の立《リー》人《レン》さんを迎えた。陳さんの弟さんやご親族の方も出迎えに来られていた。簡単にご挨拶をしたあと、淡水《タンスイ》に向かった。古民家では何既明《カキメイ》さんが待っておられた。戦前は東京の医大生だった方だ。長身痩軀で親しみやすく、「立派な建物ができましたね。ありがとう」と気軽に日本語で声をかけていただいた。何既明さんは、司馬遼太郎さんの『街道をゆく――台湾紀行』で《生家は台北でも有数の米問屋で、蔵がたくさんならんでいた。一説には、何さんはその蔵を一つずつ売って、もういくらも残っていないという。売ったのは何さんの侠気による》と語られている。また、同じ内地（日本）留学生だった学生時代の李登輝《リトウキ》（のちの台湾総統）さんが、戦後に蔣介石政府の秘密警察に睨《にら》まれた際は《李登輝さんを自宅の米蔵にかくまい、秘密警察の空《から》騒ぎが静まるまで食事を運んだという》人でもある。

完成した古民家の中を、車椅子の陳舜臣さんと何既明さんを案内する。陳さんからは「よく台湾に古民家移築ができたものだ」と褒《ほ》めていただいた。「日台の若者の力です」と答えた。外回りも一周され、別れ際に何既明さんから「明日、陳さんが泊まっているホテルで昼食をご一緒しましょう。皆さん一緒に来てください。他に誘う人がいるようならどうぞ遠慮なく」と誘われた。

翌日昼過ぎに会場に行った。何既明さんご夫妻、それに老台北《ラオタイペイ》こと蔡焜燦《サイコンサン》さんご夫妻、陳さんご夫妻、立人さん等々でテーブルを囲んだ。何さんご夫妻と蔡さんご夫妻が日本時代の唱歌を合唱された。蔡さんの奥さんが元音楽の先生で、発声から違っていて聴き惚れてしまった。また何さんと蔡さんの日本語での腹蔵《ふくぞう》のない丁丁発止のやりとりにヒヤヒヤするのだが、陳舜臣さんはニコニコと見守っておられる。人の人たるゆえんは人と人の結びつきにあるといわれるが、艱難辛苦《かんなんしんく》を共にし、熱い友情で結ばれたこの光景は、人としての豊かさがにじみ出ていてなんともうらやましく、同席できた感激は一生の思い出になる。（「まち・コミ」二〇一〇年一二月号）

東日本大震災の地に入り

東日本大震災が大津波を伴って青森から岩手、宮城、福島、茨城、千葉に至る太平洋沿岸を襲った。宮城県の知人や友人に電話で安否を問うがつながらない。やっとかかったのは三月一六日、仙台市青葉区の玄光庵《げんこう》・伊串泰純《いぐしたいじゅん》和尚だった。玄光庵は無事だったが、水と電気、ガスのライフラインが止まったそうで、亘理郡《わたり》亘理町《ちょう》の高音寺《こうおんじ》住職・岡崎正利《しょうり》和尚、同じく亘理郡山元町《やまもとちょう》の徳本寺《とくほんじ》住職・早坂文明《ぶんめい》和尚とは連絡は取れていないと言う。伊串和尚や岡崎和尚は一九九六（平成八）年の御蔵での夏まつりに宮城県古川《ふるかわ》市（現・大崎市）の七夕飾りをたくさん持って来てもらい、そのうえ飾りつけに大勢の助っ人を加勢に来ていただき、おかげで三日間に及ぶ盛大なお祭りができた。伊串和尚には毎年欠かさず慰霊祭に参加していただいている。そん

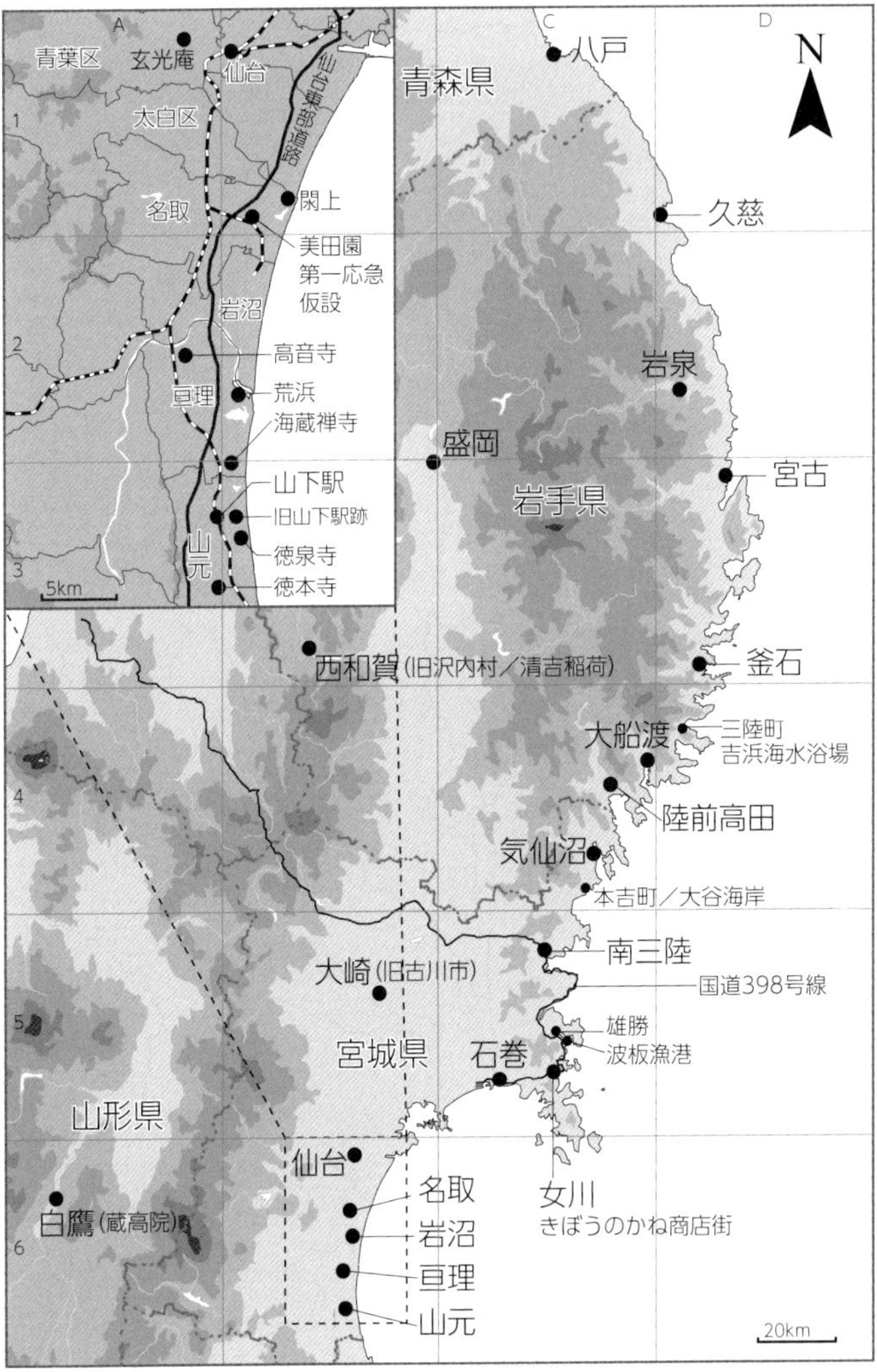

図7-2：東北地方(宮城県、岩手県太平洋沿岸)略図

なわけで是が非でもの気持ちが強かったのである。

まち・コミ代表の宮定章くんはじっとしておれず、三月二〇日から二二日の間、仙台市、名取市、亘理町、山元町に入った。宮定くんには、わたしの学生時代のボートの仲間・水渡英昭《すいとひであき》兄（東北大学教授）を太白区《たいはく》に訪ねてもらった。全員無事が判明し、御蔵で集まった義援金や緊急物資を山元町役場に手渡すことができた。

亘理の岡崎和尚のところは仙台東部道路より内陸に入っていたので無事だった。花まつりで歌手を呼んでもらった山元町・早坂和尚の本務寺である徳本寺は無事だったが、兼務寺の徳泉寺《とくせんじ》は墓地も含め跡形もなく流されたと手紙に記されていた。

四月一日から三日、一一日から一六日、五月二日から六日、三度山元町、亘理町に入った。この仙台平野の穀倉地帯には、どこを見ても避難する高台は見あたらない。道ばたに倒れた看板には「避難所〇〇小学校→五一〇〇メートル」と書かれてある。時速二〇キロを超す津波に五キロは遠すぎる。この平野の中にはいくつものシェルターが要る。我々が泥出しを手伝った海岸から五〇〇メートル余りの海蔵禅寺《かいぞうぜんじ》（亘理町）は地上高三メートル近くにまで水跡がある。墓石の九五％はなぎ倒されている。二トンダンプも墓地に流れ込んで逆立ちしている。建物の基礎ばかりが目につく浜へと続く道路沿い。人っ子ひとりとして歩いていない。

海岸沿いの防砂林は根こそぎ取られ、一キロから二キロ内陸部に運ばれている。家屋の二階部分が内陸部八〇〇メートルくらいの道路際に流れ着いて、平屋になっている。お寺の境内や本堂には家屋が分解した木っ端やら布団や毛布、衣類などが撒き散らかされたように重なっている。一つひとつ、一輪車に乗せて撤去していく地味な作業だが、次第に片づいていく。本堂も境内も床下もきれいになったときは達成感を得た。スコップを使っての泥かき作業も、どちらかというと砂かき作業に近く、スコップに妙にひっつくこともなく作業しやすかった。これは出石《いずし》や佐用《さよう》の泥かき作業との違いか。土建屋時代の経験も思い出す。

亘理町、山元町は米農家もさることながら、沿岸沿いには苺《いちご》農家が多くあり、この両町で宮城の苺生産の八〇％を占めていたという。大型のパイプハウスが根こそぎ持っていかれたところもあれば、津波の来た方向に薙《な》ぎ倒されたパイプの残骸もあり、往時を追想させる。海蔵禅寺付近にもすばらしい立派な家があり、人呼んで「苺御殿」という。浜辺から流れてきた家が御殿にぶつかって止まっていたが、両方とも中は壊れていて再生不可能だ。

苺の特産品を「もういっこ」「とちおとめ」と呼び、東京や北海道に一一月から六月にかけ多く出荷されていたそうだ。生産者も早く立ち直って再び「もういっこ」や「とちおとめ」の名を広めてもらいたいものだ。そのためにも田畑の早期再生が必要なのに、未《いま》だ海水が引いていなかったり、松の大木や家屋の木っ端や瓦礫《がれき》が散乱している。外部の手が必要不可欠だ。三陸の水産業も平野部の農業も早く元に戻せるように支援すべきだ。できるだけ元の仕事に就けるように夢と希望を持ちたいものだ。一旦元に戻して、その次に復興を考える。元に戻しながらどんなシェルターをどこにつくったらいいのかを専門家を交えながら考える。ここに夢と希望が芽生える。それにしてもできるだけ早い義援金の支給や支援の力が必要なのに遅すぎる。
(「まち・コミ」二〇一一年三・四月号、五・六月号)

「一緒に住んだほうが良かったよ」

二〇一一(平成二三)年の一一月初旬、一二月初旬と宮城県亘理《わたり》郡亘理町、山元《やまもと》町にボランティアに行った。亘理町では風除室の拡充や仮設内部の押し入れ、洗濯場の棚拵《こしら》えをしてきた。居住者(八十代半ばの夫婦)の話では「亘理の荒浜に住んでいた二階建ての家は、津波で一階は抜かれたが二階は残っていた。柱も真っ直ぐに立っていたんだが、周囲で残っていた家がどんどん解体していくので、後先考えずにわたしの家も解体してしまった。今思うと残念なことをしたと悔やんでいる」「三世帯同居だったのだが、今、入っている仮設は息子家族の仮設とは住区が違うのでバラバラになり、孫の顔も見れなくなった。この仮設は狭くて物も置けない。こんなことになるのだったら荒浜の家を解体せずに修繕して、息子夫婦や孫と一緒に住んだほうが良かったよ」と嘆《なげ》かれた。

山元町でも同じように「仮設に住んでみたがどうも住みづらい。一階の土壁や窓は津波に持っていかれたが、二階はちゃんと残っているのでリフォームして住みたい」との話もいくつか聞いた。被災地では、一階が抜かれていても柱がしっかりしていて二階が確実に残っている家も多くあったが、少しずつ取り壊されていたのは残念に思う。

ところによっては二階で生活されている家も何戸か見た。神戸と違って広い土地に大きな家が建っていたことが基礎の大きさでわかる。残った家々も大きく頑丈なつくりであった。少し手を入れたら充分使えると思われたのだが、取り壊されるのは見るに忍びない。プレハブ仮設は、使用後はほとんどが解体処分される。ならば全戸数の三割ぐらいの予算を、被災地に自分の土地を持つ希望者に配分してもいいのではないか。地元の木材を使い、地元の大工（東北六県応援体制）で修繕、新築も可能にしたらどうか。そうすれば地元に雇用が生まれ、建材、金物等需要もあり、ひいてはお金も地元で回り出す。

いつまでも「個人の資産に税金は使えない」と言っている場合ではないと思う。地元に活気が生まれる施策が必要だ。（「まち・コミ」二〇一二年一・二月号）

神戸でも同じだった

二〇一二（平成二四）年の三月からまち・コミ代表宮定章くんは、月のうち二十日以上を宮城県石巻《いしのまき》市に入っている。去年は肉体労働が多かったが、今年に入ってまちづくりに傾斜している。中でも雄勝《おがつ》町は町民約四〇〇〇人のうち約三〇〇〇人が家を失っている。被災地に人が居ないので、意見を聞こうにも仮設や遠く離れたみなし仮設、親戚や友人・知人の家、あるいは県外に出られた方がほとんどだ。

神戸御蔵でも同じだった。一週間もすると、当初の避難所から離れていく方《かた》がどんどん増える。ゆっくり話を聞いている間もない。まちづくりの根拠もひじょうに軽いものになる。集まってくる人のみでまちづくりはスタートする。神戸市は「早くしないと予算がとれない」とか、「他所《よそ》はこう進んでいる。これでは乗り遅れる」と言う。一方、仮設に入った人からは、「不便だから早く帰りたい」と再三再四せっつかれる。町づくり協議会は広く門戸開放し、住民も地主も家主も参加できたのだが、週一回の会合に出てくる一〇人前後で進行せざるを得なくなった。たくさんの人の意見を聞くことは物理的に不可能だった。またアンケートもたびたび取るが、会を重ねるごとに回収率が低くなり、行間の機微が読めなくなってくる。一二年間三五〇回余に及ぶ会合をしたが、達成感も満足感もない。元の居住者帰還率は三分の一くらいだろう。

人口の戻りは現在八四％。長田区全体では七七％台。一旦人口が減るとなかなか戻らないのが普通だろう。よほど条件が良くないとしんどい。

雄勝町では今、防災集団移転事業の活用が進んでいる。土地購入費や建築費は利子相当額の補助を除き個人負担となる。被災した元の土地は行政が時価で買い取る仕組みだ。元の場所から遠く離れた高台では漁師が仕事をできなくなるので、元いた場所に戻りたいと言う。仕事を奪うことほど苛酷《かこく》なものはない。人としての誇り、自信、尊厳といったものは仕事の中でこそ生まれるもので、仕事のしやすい環境こそ望まれるのではないのだろうか。（「まち・コミ」二〇一二年一〇・一一月号）

病室の中は耳の遠い人ばかり

連休中は宮城県石巻《いしのまき》市雄勝《おがつ》町に行って木材の皮むき作業の手伝いをやり、戻っては豊岡市出石《いずし》町で玉葱《たまねぎ》やジャガイモの草抜き作業で終わった。

明けて五月七日～一四日、明石医療センターに入院した。四人部屋で入退院や転室があって都合七人と出会った。六人は八十代の人だった。医学の進歩で寿命が伸びているのが実感できる。南あわじ市から来ている隣の人はペースメーカーの埋め込み手術があるのだが、気管支炎を患《わずら》っていてそれを治してからなので、二十日間の入院になるという。

病室の中は耳の遠い人ばかりで看護師さんも大変だ。外からは喧嘩でもしているのかと間違われそう。点滴のパイプを押さえ込んでシグナルが鳴っていても気づかない人がいて、わたしが代わりに看護師を呼ぶこともあった。こちらは七十代でいちばん若いのだから当然の役目だろう。血液検査から管理栄養士さんに塩分の摂《と》り過ぎと懇々と諭される。あとから入ってきた元県警捜査一課のベテラン刑事も戦争末期の若い頃は呑めなかったのに、一件落着の度に呑むようになって強くなり、ついには糖尿を患い今では週三回の透析に通っているという。脳卒中、心臓病、糖尿病は生活習慣病と呼ばれて久しい。食事や運動など日頃から自己管理して行動を変えれば病から遠ざかるはずなんだが……。

入院中の病人食は量も少なく、味気もない。これを守り通したら入院時の七四キロの体重が退院時には七一キロになっていた。医食同源とはこのことか。口から入るものが毒にも薬にもなる。食事の次は運動だろう。入院三日目から六階の階段の昇降を自らに課した。トイレも早朝に一階を使った。薬に頼るのは最後の手段だろう。

わたしの一週間後に退院された南あわじ市の人から「遊びに来てくれ」と電話があり、週末に自宅へ伺い、旧交を温めた。わずか一週間余りだったがこんなに親しくなるなんて驚きだ。

昼飯を一緒に食べたが粗食ではなかった。なんだか何十年来の知人と旧交を温めたような気がした。出会いは年齢や場所を問わないので人生は面白い。（「まち・コミ」二〇一三年夏号）

歩き遍路さんには恐縮あるのみ

陳舜臣さんが空海を愛情溢《あふ》れる筆力で書いた名作『曼陀羅《まんだら》の人』を読んで、まだ余韻《よいん》のさめやらぬ間の四月一日から一〇日、四国八十八ヶ所霊場巡りをした。四〇年前に義母を亡くし、一年かけて自家用車で西国三十三ヶ所と番外を含めて巡り、充実感を得ていた。今度は四国を――と思っていたが大震災でそれどころではなくなっていた。

健脚には自信があったが去年春突然走れなくなり「変形性膝関節症」と診断された。今回は四歳年長の兄（彼は二度目の四国巡礼）と一緒に自家用車で巡礼する。初日に徳島県一番　霊《りよう》山寺《ぜんじ》から始め十七ヶ寺、六ヶ寺、四ヶ寺、八ヶ寺、四ヶ寺、八ヶ寺、十三ヶ寺、十四ヶ寺、十三ヶ寺、十日目は桜満開の大窪寺《おおくぼじ》と一番に戻り、徳島港から和歌山港、紀ノ川沿いを遡《さかのぼ》り三時半頃高野山《こうやさん》奥の院へ。まだ桜が残って、桜に始まり桜に終わった四国巡礼だった。

今年は巡礼開創千二百年、道中いろんな出会いがあった。二日目、日和佐《ひわさ》（徳島県）の宿で

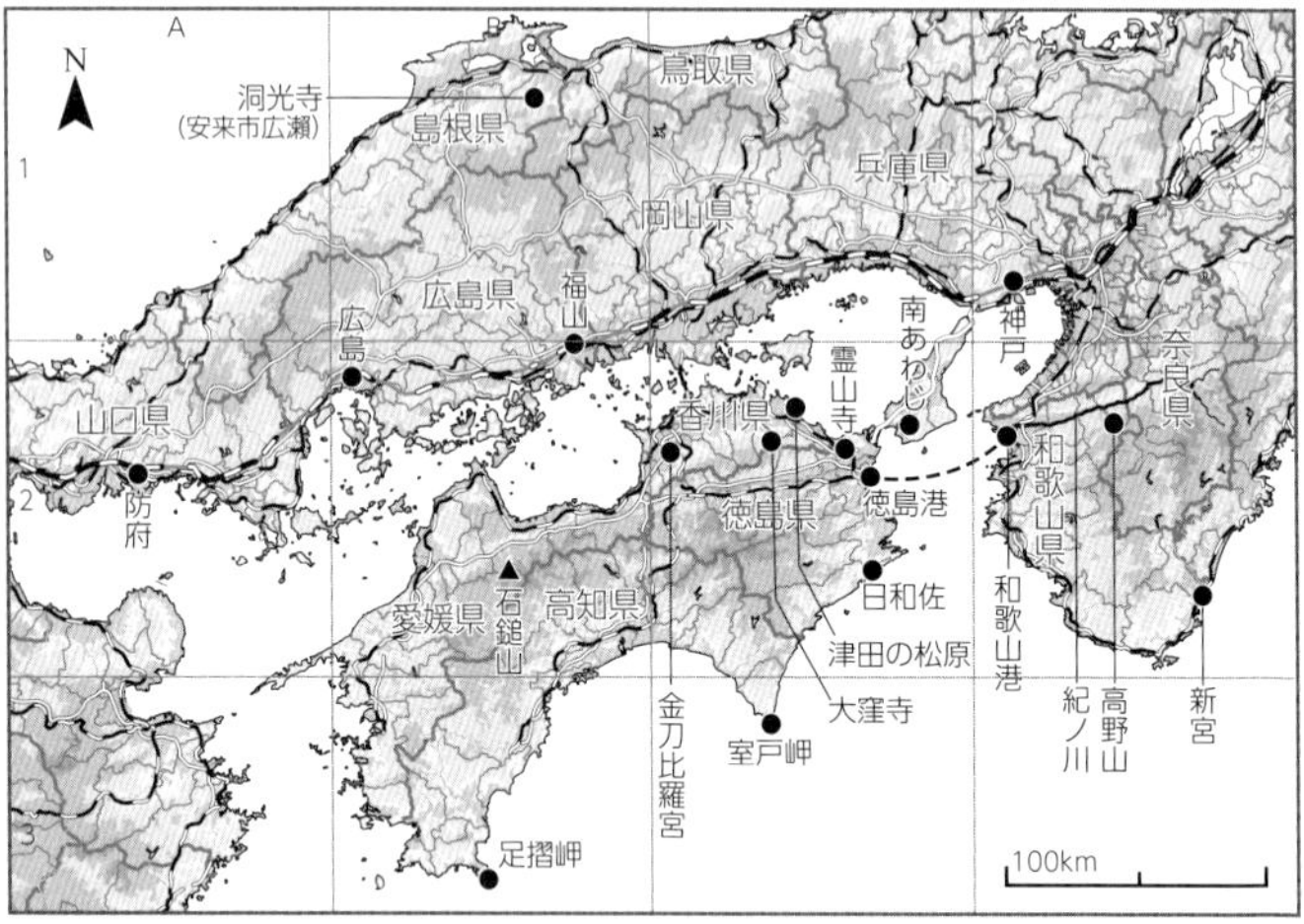

図7-3：中国四国地方、和歌山略図

は埼玉川越《かわごえ》から来た歩き遍路の男性が「七〇歳を期に何かいちばんきついことに挑戦と思ってきたが、こんなに厳しいとは思わなかった。明日一旦帰ります。でもいろんな接待を受け、この人情は異次元のものだった。帰って足の痛みがとれたらまた挑戦したい」と言っていて感動させられた。彼は八日目だそうだ。歩き遍路さんには恐縮あるのみ。

遍路の良さは随所にあり感動の連続でもある。日和佐、室戸《むろと》、足摺《あしずり》の太平洋の打つ波はドッドーンと地響きする男性的なもの。一方、瀬戸内津田の松原（香川県さぬき市）ではパシャパシャと女性的なものだ。足摺で見た夜空の満天の星。半世紀前、北海道瀬棚《せたな》で見て以来の感動に我を忘れる。霰《あられ》にも見舞われた。石鎚山《いしづちさん》も八合目より上は真っ白だ。野の花や野菜畑、老杉の並木道を通り抜ける空気に自然を感じる。「車遍路なので」と接待を断っているのに押しいただく人情。これぞ巡礼の醍醐味か。今度は歩き遍路に挑戦したいが……行き倒れになるかも……。（「まち・コミ」二〇一四年七月号）

「あのときは勇気を得ました」

九月一九日～二三日の間、宮城・岩手に行った。宮城は石巻《いしのまき》周辺部、雄勝町《おがつちょう》、女川町《おながわちょう》を巡った。石巻市の内陸部に本社を置いた南三陸観光バス（ＭＫＢ）高橋武彦社長と膝を交えての談話。借金を抱えながら奥さん、娘さんも事務所を手伝い、とても明るい雰囲気だった。雄勝公民館の屋上に乗ったＭＫＢのバス、横倒しになった数台のバスの写真があった。

女川町は仮設「きぼうのかね商店街」の一角にある黄金《こがね》タクシー木村寛一《かんいち》社長を訪ねた。ご夫婦で神戸に来られて、タクシーや運送会社の復旧、復興過程を経営者から聞き取って帰られた。「あのときは勇気を得ました」と語りながら、入ってくる無線の応対に忙しく「運転手が足りない」とこぼしておられた。女川町はちょうどサンマ祭りで大変な賑わい。長さ二メートルのＵ字溝をたくさん並べて、とっかえひっかえサンマを焼いているが、飛ぶように捌《さば》けている。まちは国道三九八号線より西側は土工事の真っ盛り、高く高く土が盛られ、山際は削り取られ赤茶色になっているかと思えば、伐採《ばっさい》が終わって木の根っ子が残り、さあこれから削るぞと言わんばかりの山肌も見受けられた。

宮城県から岩手県西和賀町《にしわがまち》に入る。台湾のボランティア仲間邱《キュウ》明民《メイミン》さんから西和賀町の通称「清吉稲荷*」を台湾に移築したいとの話があって地図で探すと、旧沢内村《さわうち》のあるところではないか。七、八年前にNHK「ラジオ深夜便」の「辺地《へきち》医療四十年　沢内村で学んだこと」の回で聴いた増田《ますだ》進《すすむ》医師（雫石《しずくいし》町健康センター所長）の話がとても熱く、沢内村の名が耳の底に残っていた。昭和三十年代、深澤晟雄《ふかさわまさお》村長と増田医師そして村民が一丸となって「雪と貧乏と病気」の三悪追放に情熱を傾け、悪循環から脱却する物語だった。一九五八（昭和三三）年、ブルドーザーによる除雪で雪の孤島から脱出を図り、六〇（昭和三五）年六五歳以上に国保の一〇割給付、翌年さらに拡大、一歳未満児と六〇歳以上とした。六二（昭和三七）年には乳児死亡率ゼロの偉業を達成する。深澤村長と表裏一体で行動した高橋清吉さんを偲《しの》んで清吉稲荷と呼ばれる萱葺《かやぶ》きの古民家は、確かに「生命尊重」の精神が宿っているように感じた。（「まち・コミ」二〇一四年秋号）

＊清吉稲荷　西和賀町沢内長瀬野地区に一九〇二年に建てられた古民家。沢内村・深澤晟雄村長を支

えた町職員・高橋清吉さん一家の住居。裏手に稲荷神社があり、高橋家はその別当（神社の管理者）でもあった。老朽化が進み一旦は解体が決定。二〇一四年、東日本大震災支援活動を通じて解体計画を知った邱明民さん（木造建築技術者の育成などに取り組む台湾の財団法人「大河文化基金會」理事長）が移築を申し出て西和賀町との合意に至った。

二一年目の慰霊祭

毎年地元有志で行っている慰霊祭も二一年を数えた。一二八名の物故者、その御遺族に案内を出しているのだが、ここ数年数通が「尋ねあたりません」と返ってくる。年々風化が言われているが当地区も例外ではない。去年が二〇年の節目、今年はそのあとだから余計に危惧された。そこで思い切って「この笑顔忘れない」と銘打って写真展をやろうと踏み切った。

朝と夕の五時四六分に、大勢の僧侶方による読経と、それに続けて一人ひとりの俗名を朗々と読み上げてもらっている。それに加えて写真があればさらに故人の思い出を語り合い、深く偲《しの》べる。第三回の法要を御蔵小学校でさせていただいたとき、精霊流しの雪洞《ぼんぼり》にお一人ひとり俗名を書いて講堂の壇上に昇る階段に飾ったところ、御位牌や額入りの写真を添えられた方がおられ、それが今も胸に焼きついている。雪洞は近くの新湊川に運び、掘割の川に下りてこられた僧侶の読経の中、一つひとつ流された。橋の上やら周りに、御遺族の方々、ご近所の方々が手を合わせておられたのが印象的だった。

多くを焼失した当地区で写真が集まるのか、またこの主旨を理解していただけるのか不安がつきまとっていたが、連絡の取れる御遺族六十人余に提供を呼びかけたところ、親族から譲ってもらったりして、二一名の写真計一八枚が集まった。長田神社のお祭りで法被《はっぴ》姿の凛々《りり》しいながらも笑顔を湛《たた》えたものや、運動会や旅行先でのもの等々、話題を髣髴《ほうふつ》させるものばかりで賑《にぎ》わった。この写真展に東日本大震災の女川《おながわ》で二五歳のご子息・健太さんを亡くされた田村孝行さん、弘美さん（宮城県大崎市）ご夫妻が早朝の慰霊祭から引き続いて加わり、写真をご提供いただいた御遺族の方々と五年、二一年の来し方をお互いに振り返り、語り合い、将来に向け共感し合った。人が出会って心を許し合い、お互いに感化され、考え方が少しでも変われば、それを「御縁」に昇華されたとでも言うのであろう――というシーンを垣間見せてもらった。僧侶を始めご近所の皆さんの御厚意あっての二一年目だった。（「まち・コミ」二〇一六年春号）

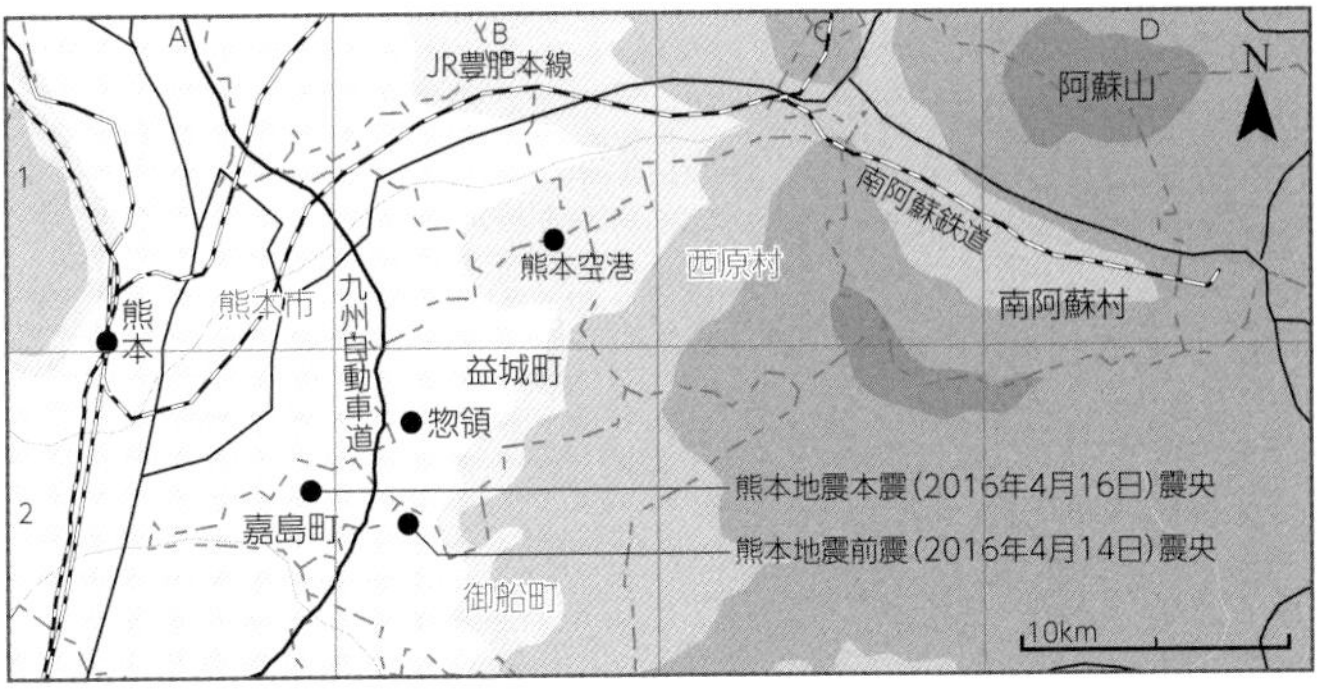

図7-4：熊本（南阿蘇、益城、嘉島）略図

熊本・益城町の友人宅は

今回の熊本地震をテレビのニュースで見聞きして驚いた。母方の実家の跡取りである七歳年少の従弟《いとこ》が南阿蘇村の在である。福岡市南区高宮から移って一年しか経っていない。アマチュア無線を趣味とし、街中に高層マンションが林立し電波が入りづらくなって、南阿蘇の環境を選んだのだった。

さらに、五歳年少で和歌山県新宮《しんぐう》出身の友が益城町《ましきまち》に移住している。その友人の亡妻の実家が嘉島町《かしままち》である。四十年前になろうか、友人が嘉島町に住む彼女を同僚の結婚式で見初《みそ》め、わたしと一緒に神戸から嘉島町の実家に乗り込み、彼の人となりをご両親に見ていただき「妻女にいただきたい」と懇願に赴《おもむ》いた。今思うと無謀なことをやった若気の至りである。同じ職場の彼は父親が亡くなっていたのでわたしが父親代わりであり、ある意味仲人の役割も果たした。妻女がガンで亡くなったのは数年前である。

さて被害状況だが、南阿蘇の従弟宅は完成して一年余だったので、二階建ての家屋、平屋の無線小屋も二基ある無線塔の基礎も無傷だった。四日間電気と水道が来なかったと語っていた。今でも大雨の予報が出ると避難勧告が出され、その都度避難するという。

益城町の友人宅は小規模の新興開発地に一〇年前に建てたが、応急危険度判定は基礎のクラックが判定要因になって「要注意」の黄色判定となった。建物自体は一階、二階とも傾きは見られず、ドアや窓の建て付けも不具合はなかった。本人も基礎のクラックは補修して住み続けると言っている。三世代同居であった。

惣領《そうりょう》橋袂《たもと》のその場所から惣領神社にかけて、また神社から町役場にかけては軒並み全壊地域になっている。まさに神戸の木造密集地域の再現で、二一年前が鮮やかに蘇《よみが》り胸が痛んだ。

嘉島町は屋根瓦がずり落ちブルーシートが張られ雨漏りがするし、一階増築部分の隠居部屋が少し引っ張られ壁が剥落していた。夜は車中泊と言う。阪神・淡路の教訓として耐震補強が叫ばれているのに、この教訓が生かされていないのが悔しい。(「まち・コミ」二〇一六年夏号)

水害被災地の真摯な人

今年の台風七、九、一一号が盆過ぎ立て続けに北海道南東部に上陸したかと思うと、Uターン台風一〇号は八月三〇日夕方に岩手県大船渡《おおふなと》に上陸して、岩泉町《いわいずみちょう》に大きな被害をもたらした。今農業をやっている豊岡市出石町《いずしちょう》鳥居地区も、二〇〇四（平成一六）年一〇月の季節外れの台風二三号で出石川堤防が決壊し、泥かきボランティアに行って以来のご縁だ。〇九（平成二〇）年には中国・九州北部豪雨で山口県防府《ほうふ》市の特養ホームが土石流に巻き込まれた。一一（平成二三）年には紀伊半島大水害があった。一四（平成二六）年には八・一六丹波豪雨があり、その直後に広島豪雨があった。地震だけではなく、台風や集中豪雨による水害も日本列島そこかしこで頻発している。

そんなとき、兵庫県佐用《さよう》町・庵逧典章《あんざこのりあき》町長の話を聴く機会を得た。佐用町は〇九（平成二一）年八月九日夜、台風九号がもたらした豪雨で河川の氾濫が起こり多くの被害を受けた。わたしの御蔵での震友の弟さんが佐用中町の元自治会長で、知人の孫である関西学院大学四回生が佐用水害に関する卒論を書くときにその手伝いとして一緒に自治会長にインタビューした。そのあと、町長を推薦していただいたという次第だ。大学生を相手に三時間半近く、丁寧《ていねい》かつ謙虚に、質問への回答はもとより人生論まで語っていただいた。

最後に「今でもあのときのことに悔いが残る」と話された。〇四（平成一六）年、合併前の上月《こうづき》町《ちょう》で水害があり、佐用町も役場近くの低いところでは床上浸水を受けた。避難勧告も出て、夜だったが体育館に避難した。住民は夜間、膝下まで水がある中を歩いて来られ、口々に「道中怖かった」と話され、わたし自身も勝手知った道といえど恐怖を感じていた。そうであればなおのこと夜間の避難は検証すべきだった。流出家屋はなく、ほとんどが二階建てだった。危ない目に遭《あ》いながら避難所に行くべきか、家の二階に上がったほうが安全ではなかったか。その分岐点はどこだったのか、そのときもっと明確に検証しておくべきだった。これが五年後の水害に及んでいる――と悔やまれた。ほんとうに真摯な人だった。（「まち・コミ」二〇一六年秋号）

病床の親友を見舞う

今年に入って中学時代からの親友を四回見舞っている。小学校は違っていたが、中学入学以来、心を許せる友人だ。戦後、朝鮮半島の元山《ウオンサン》で父を亡くした引き揚げ者である。

一九五三（昭和二八）年に入学した中学は木造二階建ての粗末な校舎だった。月謝の滞納者として名前を呼ばれた常連同士で急接近し、お互いの境遇を語り合った。高取《たかとり》山麓に当時あった枇杷《びわ》畑やいちじく畑に失敬しに行ったり、夏は連日のように須磨海岸で泳ぎ、映画もよく一緒に観に行った。新聞で米軍艦船の一般公開の記事を見つけ、貸し自転車に乗って神戸港に行き、帰りに両手一杯クッキーをもらった仲間である。

彼は男ばかり三兄弟の次男で二歳下の末弟は逃避行を知らない。母と幼い三兄弟の四人で、ほとんど奇跡的に神戸に戻った――と語っていた。元山に墓参したいという少年時代の夢は果たせていない。三兄弟は幼くして算盤《そろばん》一級の保持者で皆に一目置かれていた。中一のとき、長身のわたしは拒否したのに、彼に「心配すんな、俺が取り返したるよって出よう」と説得されてクラス対抗リレーに選出された。案の定惨めな結果になったのを昨日のように思い出す。

去年一〇月に肺ガンの手術をし、今年の一月に脳梗塞、次いで肺炎。今、気道切開して声を失う可能性が高い。同世代には満州からの引き揚げで、もう少しで残留孤児か川に流されていたという友もいる。小学校の頃、休み時間に空襲の話をしていたら、沖縄出身の同級生に「沖縄では海からの艦砲射撃、陸上戦では戦車による砲撃に火炎放射器、空からの空爆と、地上に居る場所なんてないんや」と言われ言葉を失った。つい一週間前にも同年代のコンサルタントの先生が、ゴールデンウィークに長男と一緒に父君が亡くなったガダルカナル島に初めて慰霊に行ってきたと話した。彼が一歳のとき、一九四二（昭和一七）年八月二二日が命日。飢えとマラリアの戦病死が戦死者より多い島だ。戦後は母の行商を手伝ったという。戦争放棄を謳《うた》う

平和憲法が子供心に光り輝いて見えた。今、なぜ憲法を変えようとするのだろうか。(「まち・コミ」二〇一七年夏号)

菅原市場への思い

阪神・淡路大震災が襲った神戸長田の御菅《みすが》(御蔵菅原《みくらすがはら》)地区は、建物の倒壊があったうえ火災にも見舞われた。震災直後の焼け跡はマスコミの標的になった。数多くの新聞社やテレビ局が押し寄せ、日本中に知れ渡った。友人、知人、親戚から「長田区菅原市場がニュースに出ているが大丈夫か」と問い気づかう手紙や電話もいただいた。

シンボル的存在になった市場の復旧は早かった。一月三一日には天皇皇后両陛下がすいせんの花束を持ってお見舞いに来てくださった。これも地元の大きな励みになり、菅原市場は中央を二間《にけん》の道路にして左右に二二間×四間のプレハブを二棟合わせ、二階を住居にして、わずか四ヶ月あまりの五月二五日に二二店で再出発した。一九二〇(大正九)年に誕生した市場は戦災にも焼け残り、元々住居として道を挟んで建っていた長屋が一階を店舗にし、あちこちに店舗が増え発展して市場になったことが偲《しの》ばれる雰囲気だった。震災の年の一〇月には「寅《とら》さん」

の最終編（「男はつらいよ 寅次郎 紅《くれない》の花」）ロケ地にもなった。

仮設店舗は当初、物珍しさも手伝って賑わったが、秋の気配を感じる頃から客足が鈍り始めたように思う。「震災の二〇年前から買い物客が市場離れしていた」と聞いていたが、やはり近くにスーパーができたうえに区画整理で人口の減少も著しい。店主自身も高齢化し、後継者難に悩んでいた。二〇〇〇（平成一二）年四月一日に仮設店舗は閉店となり、撤去される。残って続けようという六店舗が同じ場所に面積を小さくして共同化・セルフ方式店舗を建設。同年一一月二一日に「味彩館《あじさいかん》 Sugahara」としてオープンした。この館の入り口には「寅さん」のレリーフも設置され、わたしもまち・コミ訪問客を何度も案内した。〇一（平成一三）年四月二四日、天皇皇后両陛下の二度目の御訪問を受けた。

二〇一六（平成二八）年九月に精肉店一店を残して他店は撤退したが、ついに一七（平成二九）年六月に味彩館そのものも閉店し、その後解体されて、今は更地となっている。「寅さん」のレリーフは、すがはらすいせん公園に移設されるという。環境の変化とだけで語りきれないものがある。（「まち・コミ」二〇一七年冬号）

人と人との関係だけでなく

我々まち・コミュニケーションのメンバーは、三月六日から三月一六日にかけて福島から海沿いに青森県八戸《はちのへ》まで見聞して巡った。

わたしは三月九日から一三日まで参加して、宮城県山元町《やまもとちょう》から岩手県釜石まで巡った。一一日の女川《おながわ》での慰霊法要に参加し、何度も通《かよ》っていた女川の様変《さまが》わりに驚くばかりだ。大規模工事を一気呵成《かせい》に遂げたのだろう。土取場、高台移転地、嵩上げ地が海へと連続し、行きつく先が馬鹿でかい防潮堤。この例は南三陸にも、気仙沼《けせんぬま》、陸前高田、釜石にもいえるだろう。嵩上げと防潮堤は二重投資に見える。人口減少と高齢化社会に費用対効果はあるのだろうか。

さりとて、部分的に小さな漁港や湾岸でキラキラ光る復旧が成されているのを見てホッとする。山元町では旧山下駅周辺に津波で傷《いた》んだ集落が修復して残り、いろんな活動をして活気づいている。基本は新駅周辺に住宅や商業施設を設けるコンパクトシティなのだろうが、費用の面で留まった印象が残る。

閖上《ゆりあげ》復興に尽力された名取市美田園《みたぞの》第一応急仮設の自治会長・高橋善夫さんの話を聞いた。立派な仮設集会所を引き続き残して、近くにできた復興公営住宅の集会所に充《あ》てたいと言う。今ある使い慣れたものの利用は至極当然だろう。仙台の弁護士会館で聞いた在宅避難者の聞き取り作業の支援も、ともすれば漏れ落ちる被災者の救済でその労は尋常ではなく敬服に値する。雄勝《おがつ》の波板《なみいた》漁港も在来の防潮堤高を守って、ハワイに流れついた漁船を回収して保存に動いている。気仙沼市本吉町《もとよしちょう》大谷《おおや》海岸の砂浜保存運動にも見るべきものがある。気仙沼鹿折《ししおり》まちづくり協議会の吉田千春《ちはる》さんや、陸前高田市「三陸アーカイブ減災センター」代表として津波で流された「思い出の品」を回収・洗浄し返却する会を続けてきた秋山真理さんたちのお話には情熱がほとばしっている。そして岩手県大船渡市三陸町は吉浜《よしはま》海水浴場の低い防潮堤。これらは人と人との関係だけでなく、人が物や場所や空間が生み出すものともつき合ってきたものなのだと再確認した旅だった。（「まち・コミ」二〇一八年春号）

あとがき

阪神淡路大震災から四、五日後、色とりどりの軽量テントが新湊川沿いの河川敷公園用地に張られ、全国各地からたくさんのボランティアが集まった。一方、そんな若者たちを支え、海外に飛び出してボランティアの先鞭《せんべん》をつけられた幾人かの尊敬する先達がいることも知った。彼らはわたしと同年代だった。五十代半ばだったわたしは、若者たちや同輩先人から、商売一筋の道とは異次元の世界があることを、いろんな生き方があっていいのだということを教えられた。「損得より、善悪や」と気づいた。型に嵌《は》めていた考えが崩れ去り、世間が広がった。

遠路遙々《はるばる》テントと寝袋を担いでやって来たボランティアに目に見えない心の存在を教えられ、心の豊かさとは何だろうと考え続けるようになった。毎年の一・一七慰霊法要に全国から来ていただいている僧侶の方々に、「人間とは人と人の間と書き、その間には心が存在する」と説かれ、その行動力と言葉の力に多くを今なお学んでいる。

すでに人生の大半を経て、四半世紀前に共に働いた多くの若者たちも当時のわたしの年齢に近づき、被災現場に役立つ働きをしている。若者たちと共に復旧復興のために力を合わせた貴重な経験は、わたしの心の中に生き続けるだろう。

読者の皆さまへ――。本書を手にしていただいたことに感謝します。お読みいただいた方に申し上げるのは恐縮ですが、ぜひとも「半歩踏み出して」動いていただければと思う次第です。半歩踏み出せば人と出会います。「犬も歩かなければ棒にも当たらん」とは有馬実成《じつじょう》さんの言葉ですが（そして笑顔で「棒にもいろいろあるわけですが」ともおっしゃられましたが）、行動することによって誰かに出会うという機微を、その喜びをわたしは知りました。本書が、皆さまにその機微に気づいていただき、半歩を踏み出していただくきっかけとなれば幸いです。

震災後、数えきれぬ多くの皆さまとの出会いに今日のわたしは育てていただきました。全国から駆けつけた多くのボランティアに、そして震災を学びに来てくれた人たち、一緒に力を合わせてくれた同年輩の方々に、まちの変わり様《よう》を知ってもらいたいと思って綴《つづ》った駄文ですが、まち・コミの仲間宮定章くん、戸田真由美さん、また、まち・コミにご支援いただいている皆々さまによって、二〇余年にわたる連載の機会をいただきました。苦楽堂の震友石井伸介さん、一緒に御蔵を歩いて装画を描いてくれた綱本武雄さんとのご縁を経て上梓させていただくこととなりました。紙幅の都合で本書にお名前を記すことができなかった方々も数多くいらっしゃいます。この場を借りてお詫びと御礼を申し上げます。皆さまに感謝いたします。

二〇二一（令和三）年五月　田中保三

関連年表（敬称略）

年	月	著者および神戸関連（敬称略）	その頃の日本と世界
1938（昭和13）	7月	阪神大水害	国家総動員法
1940（昭和15）	12月	田中保三、兵庫県武庫郡魚崎町（現・神戸市東灘区）に男四人兄弟の三男として生まれる	日独伊三国同盟
1945（昭和20）		福岡県前原町（現・糸島市）に疎開	敗戦
1946（昭和21）		福岡市に転居	南海地震（12月）
		兵庫県本山町野寄（現・神戸市東灘区）に転居	
		この年、兵庫商会創業	
1947（昭和22）	4月	本山第二小学校入学	カスリン台風（9月）
		大阪府龍華町（現・八尾市）に転居し、龍華小に転入	
1952（昭和27）		神戸市長田区に転居、神戸市立池田小学校に転入	日米安全保障条約発効
1953（昭和28）	4月	神戸市立西代《にしだい》中学校入学	テレビ本放送開始
1955（昭和30）	10月	父逝去	自由民主党結成
1956（昭和31）	4月	兵庫県立長田高等学校入学、映画研究部に入部	日本、国連加盟
1959（昭和34）	4月	大学受験浪人となり、兄嫁の実家・湯村温泉（現・新温泉町）にて7月まで百姓仕事を手伝う	伊勢湾台風（9月）
1962（昭和37）		京都大学工業教員養成所土木工学学科入学、京大ボート部に入る	キューバ危機
1963（昭和38）		東海道新幹線音羽山トンネルで現場研修	ケネディ大統領暗殺
1964（昭和39）		北海道瀬棚町（現・せたな町）と江差で現場研修	新潟地震（6月）
1965（昭和40）		山田工務店入社（大阪・野田の独身寮に入る）	米国、ベトナム北爆開始
1966（昭和41）		中古のブルーバードを購入	日本の総人口が一億人を突破
1970（昭和45）		結婚し垂水区に転居	日本万国博覧会

関連年表

1971(昭和46)		長女誕生を機に神戸市長田区の妻の実家に転居	ドルショック
1979(昭和54)		工事現場で生田神社「折鳥居」の礎石を掘り出す	スリーマイル島原発事故
1981(昭和56)		山田工務店を退職、兵庫商会に入社	第二次臨時行政調査会(土光臨調)
1983(昭和58)		兵庫商会取締役に就任	日本海中部地震(5月)
1985(昭和60)		神戸市須磨区に自宅を新築し転居	日本航空御巣鷹山墜落事故
1989(平成元)		兵庫商会社長に就任	消費税始まる
1995(平成7)	1月	17日、阪神・淡路大震災発災。兵庫商会、社屋6棟のうち5棟を焼失	地下鉄サリン事件
		24日、ピースボートのボランティアチーム、神戸市長田区に入る	
	2月	1日、御蔵通五・六丁目、建築制限区域に	
		兵庫商会、ボランティア団体に敷地を提供(「ボランティア村」はじまる)	
		「ガテンチーム」始動、被災者へのプレハブ建築提供を行う	
	3月	17日、神戸市、御菅東と御菅西を含む「震災復興土地区画整理事業11地区」の都市計画決定を公示	
	4月	23日、御蔵通五・六丁目町づくり協議会設立(田中保三、相談役就任)	
	5月	兵庫商会、三階建て仮設社屋への本社事務所移転完了	
	6月	SVA(曹洞宗国際ボランティア)、ボランティア村に参加	
1996(平成8)	4月	阪神・淡路大震災まち支援グループまち・コミュニケーション事務局設立	O157集団食中毒
	6月	田中保三、高山別院(岐阜県高山市)で講演	
	8月	梅田隆司逝去	
1997(平成9)	1月	神戸市、御菅西地区の震災復興土地区画整理事業計画決定公告	山一證券廃業
	7月	まち・コミュニケーション、通信紙「まち・コミ」発行開始	
	8月	第一回「御蔵学校」開催	
1998(平成10)	1月	御蔵通五丁目の復興再建共同化住宅建設組合設立	日本長期信用銀行破綻
	1月	御菅地区に事業用仮設が設置される	
	2月	住宅・都市整備公団、御蔵通五丁目の共同化住宅からの分譲撤退	

1999(平成11)	3月	ボランティア村の全プレハブ撤去(一棟のみ曳き家で移転させ存続)	台湾921地震
	1月	15日、御蔵通五丁目地区復興再建共同化住宅建設組合の地鎮祭	
2000(平成12)	1月	16日、共同化住宅「みくら5」竣工式	三宅島噴火(6月)
		18日、田中保三、台湾921地震被災地を訪ねる	
	3月	まち・コミ初代代表・小野幸一郎離神	
	9月	有馬実成(元・SVA事務局長)逝去	
	11月	21日、菅原市場、「味彩館Sugahara」開業	
2001(平成13)	5月	まち・コミ、修学旅行生の受け入れ開始	米国同時多発テロ
	6月	御蔵通五・六・七丁目自治会発足(震災以来休会していたものが再発足)	
	8月	田中保三、御蔵通五・六丁目町づくり協議会の会長代行に就任	
2002(平成14)	1月	13日、御蔵北公園公園開き	日韓共催ワールドカップ
	3月	まち協、まち・コミ、田中ら香住町(現・兵庫県香美町)浜安木の古民家を見学	
	5月	田中保三、御蔵通五・六丁目町づくり協議会の会長に就任	
	8月	香住町浜安木の古民家解体合宿	
2003(平成15)	1月	御蔵通五・六丁目町づくり協議会とまち・コミ、第7回防災まちづくり大賞総務大臣賞を受賞	新型肺炎SARS流行
	3月	田中保三、御蔵の人々及びまち・コミのメンバーと共に台湾再訪	
	4月	御菅東地区、同西地区、神戸市「震災復興土地区画整理事業」換地処分	
	9月	町づくり協議会とまち・コミ、防災功労者内閣総理大臣表彰	
2004(平成16)	1月	御蔵南公園公園開き	新潟県中越地震(10月)
		香住町浜安木の古民家を移設した「御蔵通五・六・七丁目自治会館」開所	
	6月	台湾・彰化縣・翁金珠縣長一行、御蔵通の自治会館を訪問	
	7月	福井県大飯町(現・おおい町)の古民家解体合宿	
	10月	まち・コミ、台風23号で出石川が決壊した出石町鳥居地区の支援に入る	
2005(平成17)	3月	出石町鳥居地区市民農園での野菜づくり始まる	JR福知山線脱線事故(4月)

	7月	出石町鳥居地区市民農園の収穫祭	
2006（平成18）	1月	田中保三、神奈川県大和市の善徳寺を訪ねる	日本の総人口、戦後初の前年割れ
	2月	神戸空港開港	
	9月	兵庫県「まちのにぎわいづくり一括助成事業」に、御蔵通五・六・七丁目町づくり協議会の提案が採択される	
	12月	御蔵通五・六・七丁目町づくり協議会解散	
2008（平成20）	11月	出石町鳥居地区の市民農園に玉葱の苗を植える	宮城・岩手内陸地震（6月）
2009（平成21）	8月	まち・コミ、台風九号水害被災地・兵庫県佐用町の支援に入る	中国・九州北部豪雨（7月）
	12月	福井県大飯町の古民家を移設した「一滴水紀念館」、台湾・淡水鎮に開館	
2011（平成23）	3月	新長田駅北地区換地処分（神戸市の震災復興土地区画整理事業すべて完了）	東日本大震災（3月）、紀伊半島大水害（9月）
2012（平成24）	12月	まち・コミュニケーション、特定非営利活動法人に	平成24年7月九州北部豪雨
2013（平成25）	5月	田中保三、明石医療センターに入院	伊豆大島土石流災害（10月）
2014（平成26）	11月	田中保三、ロドニー賞*受賞	丹波豪雨（8月）、広島豪雨（8月）
2015（平成27）	1月	21日、陳舜臣逝去	
2016（平成28）	4月		熊本地震（4月）
2017（平成29）		田中保三、兵庫商会会長に就任	平成29年7月九州北部豪雨
	6月	「味彩館Ｓｕｇａｈａｒａ」閉店	
2018（平成30）	3月	田中、まち・コミ、東日本大震災被災地（宮城県山元町～岩手県釜石市）訪問	西日本豪雨（7月）

＊ロドニー賞　神戸を元気づけた人物や団体に贈られる賞。一八六八（慶應三）年の神戸開港時、祝砲を放ち神戸の人を驚かせたイギリス艦隊旗艦の名に由来。神戸銘菓「ゴーフル」で知られる神戸凮月堂が一九八八（昭和六三）年に創設。二〇一〇（平成二二）年には「みくら5」設計者の武田則明も受賞。

索引

人名

地名・施設名

※末尾、欧文と数字の組み合わせは地図上の位置。「神戸市」「兵庫県」は索引対象外。

組織名

事項名

※阪神・淡路大震災は本書全体にわたるため索引対象外。

著者略歴

田中保三（たなか・やすぞう）

1940（昭和15）年、兵庫県生まれ。65（昭和40）年、京都大学工業教員養成所卒。同年、山田工務店入社。81（昭和56）年、神戸市長田区御蔵通の自動車部品会社・兵庫商会入社。89（平成元）年、同社社長就任。95（平成7）年、阪神・淡路大震災により神戸市長田区の社屋6棟のうち5棟を失う。自社敷地をさまざまなボランティア団体に提供、御蔵通の復興とまちづくりに携わる。96（平成8）年、ボランティア組織「まち・コミュニケーション」相談役に就任。2002（平成14）年、御蔵通五・六丁目町づくり協議会（まち協）会長就任。まち協およびまち・コミは、03（平成15）年1月に防災まちづくり大賞総務大臣賞受賞、同年9月に防災功労者内閣総理大臣表彰を受章。14（平成26）年、ロドニー賞受賞。

55歳から「まち」の人

2021年6月12日 初版第1刷発行

著者　田中保三

発行者　石井伸介
発行所　株式会社苦楽堂
〒650-0024　神戸市中央区海岸通2-3-11昭和ビル101
Tel & Fax:078-392-2535　http://www.kurakudo.jp

カバーデザイン　原 拓郎
イラストレーション　綱本武雄
組版・地図作成　苦楽堂
索引校正協力　市野新一朗
印刷・製本　中央精版印刷株式会社

ISBN　978-4-908087-12-7 C0095

本文仕様

本文	FOT-筑紫明朝 Pro R（フォントワークス）
小見出し	FOT-筑紫ゴシック Pro R（フォントワークス）
脚注	FOT-筑紫明朝 Pro R（フォントワークス）

装幀仕様

カバー	タッセルGA ／プラチナホワイト／四六判Y目130kg ／マットニス仕上げ
オビ	OKトップコート＋／四六判Y目110kg ／グロスPP
本表紙	NTラシャ／うすクリーム／四六判Y目170kg
見返し	NTラシャ／黄緑／四六判Y目100kg
別丁扉	Magカラー N ／サンド／四六判Y目100kg
本文	コスモエアライト／四六判Y目71.5kg